Manual de teatro escolar
Alternativas para el maestro

William Padín Zamot

Manual de teatro escolar
Alternativas para el maestro

EDUPR

EDITORIAL DE LA UNIVERSIDAD
DE PUERTO RICO

Primera edición, 1995

Catalogación de la Biblioteca del Congreso
Library of Congress Cataloging-in-Publication Data

Padín Zamot, William, 1953-
    Manual de teatro escolar: alternativas para el maestro / William Padín
Zamot. – 1a. ed.
      p. cm.
    Includes bibliographical references.
    ISBN 0-8477-0227-8
    1. Theater–Study and teaching (Elementary) 2. Drama in education. I. Title.
PN2075.P34 1995
371.3'32–dc20   95-7494
                                                      CIP

Tipografía y diseño: Carmen M. Cruz-Quiñones

Portada: Wanda Torres

Impreso en los Estados Unidos de América
Printed in the United States of America

EDITORIAL DE LA UNIVERSIDAD DE PUERTO RICO
P.O. Box 23322, San Juan, Puerto Rico 00931-3322
Administración: Tel. (809) 250-0550 Fax (809) 753-9116
Dpto. de Ventas: Tel. (809) 758-8345 Fax (809) 751-8785

Contenido

vi

CAPÍTULO IV: Experiencias de preparación

Introducción

Ofrecer los cursos de Teoría y Metodología de la Enseñanza del Teatro en la Facultad de Educación de la Universidad de Puerto Rico me ha dado la oportunidad de reflexionar sobre mis experiencias educativas como maestro de teatro en las escuelas secundarias. Se hace difícil describir el trabajo que realiza un maestro de teatro. La contribución que hacemos promueve el desarrollo del estudiante en varias dimensiones. Entre éstas, el aprecio por las artes y, en especial, por el teatro; el respeto por uno mismo al igual que el respeto por los demás; la conciencia acerca de nuestra sociedad y de nuestra situación mundial; en términos generales, educamos. De este tipo de maestro hay muchos, no sólo enseñando teatro, ni únicamente en las escuelas, sino sirviendo a la educación y al pueblo.

Este manual es el producto de 14 años de experiencia enseñando teatro. Surge por la necesidad de que este tipo de material esté accesible en español. Con él pretendo formalizar y compartir mis conocimientos y vivencias como maestro de teatro.

Las experiencias que se presentan aquí reflejan el contacto con diferentes grupos de estudiantes del Departamento de Educación de Puerto Rico en el programa regular y en proyectos especiales en varios pueblos (Aguadilla, Barranquitas, Hatillo, Quebradillas y Río Piedras), y, además, el resultado de mi labor pedagógica enseñando teatro en la Escuela Secundaria de la Universidad de Puerto Rico, como maestro y maestro cooperador y en el Seminario Colaborativo UPR-DIP. Se suma a esto el contacto con profesores y compañeros maestros, junto con los trabajos de investigación en publicaciones relacionadas con el tema. Estas vivencias servirán como ejemplos prácticos y modelos para adaptarse a las realidades de los estudiantes de educación con concentración en drama, de los maestros de teatro y otras materias del DIP, y de los líderes de las comunidades y grupos religiosos que se aventuren a incursionar en el mundo del teatro.

Se presentan alternativas y modelos que el maestro-director de teatro escolar ajustará a sus necesidades. En cada una de las unidades se incluyen comentarios y posibles reacciones de los estudiantes frente a cada situación y, también, orientaciones para comprobar la efectividad de las técnicas de enseñanza. Estas ideas se han ido desarrollando y modificando, según pasaba el tiempo, con las sucesivas experiencias. He tenido en cuenta también al maestro de otras áreas académicas que reconoce al teatro como un recurso que atrae a los estudiantes, motivándolos a aprender.

Los estudiantes contribuyeron a las ideas que aquí se proponen. Cuando se escribe acerca de ellas se recuerdan las reacciones y los datos que las enriquecieron. Mientras se redactaba este *Manual,* surgía la oportunidad de reflexionar sobre la dinámica de la enseñanza y aprendizaje. Acudían datos que debían tomarse en consideración para mejorar los resultados que se consiguieron cuando se experimentaban las alternativas. En resumen: esta obra es el resultado de la práctica y de la reflexión.

Espero que lo recogido en estos escritos tenga tanto significado para los lectores como lo tiene para mí. Y que éstos se sientan en la libertad de modificar las ideas presentadas para ajustarlas a las realidades que viven.

Capítulo I

Finalidad pedagógica del teatro

1. Justificación de los cursos de teatro en el currículo escolar

Hay muchas razones para justificar los cursos de *teatro* dentro del *currículo* escolar. Algunas de ellas se basan en motivos estéticos, pero la mayoría, en las posibilidades educativas que podemos encontrar en sus formas de manifestación.

Los cursos de *teatro*, que suponen la experiencia del contacto con el medio teatral, ayudan a los estudiantes a mejorar en:

- las destrezas básicas de la aritmética, las ciencias, los estudios sociales y, en especial, de la lectura y de la escritura, así como el contacto con las artes plásticas y musicales;
- la salud mental, emocional y física;
- la habilidad para pensar, resolver problemas y analizar críticamente las diferentes situaciones;
- la clarificación de los valores y verbalizar sus creencias y deseos;
- su relación con lo estético y con diferentes medios de expresión como la palabra, el color, los sonidos y los movimientos;
- el reconocimiento de su poder creativo;
- su relación con lo cultural.
- el descubrimiento y desarrollo de sus talentos artísticos;
- el aprecio y disfrute de las Bellas Artes en especial del teatro.

El teatro se conoce como un arte colectivo que agrupa individuos de los diferentes campos del saber y de las artes. En el desarrollo de la humanidad hemos visto la unión entre los humanistas y los científicos por medio del teatro; ejemplo es el desarrollo de la iluminación artificial, relacionada con la iluminación teatral. Por medio de la disciplina teatral el individuo se desarrolla interiormente y dentro del ámbito social al que pertenece.

2. Orientación del maestro de teatro

En muchas ocasiones la trayectoria que toma el curso de teatro depende de la orientación que tiene el maestro. La orientación del maestro puede ser:

- artística – El maestro orienta al estudiante en la apreciación e interpretación del teatro tradicional, el teatro es arte para especialistas.
- conforme a la expresividad – Utiliza el recurso teatral para desarrollar las formas de expresión en el estudiante, es más importante el proceso que el producto.
- social – Hace que el estudiante despierte su conciencia como individuo social, político e histórico y lo manifieste mediante las relaciones interpersonales.
- pedagógica – Utiliza el teatro como recurso para la enseñanza de las diferentes materias.

El maestro ideal es aquel que crea una nueva orientación combinando los elementos artísticos, sociales, expresivos y pedagógicos del teatro.

Capítulo II

El recurso teatral en la escuela

1. El currículo y el teatro

El teatro ha demostrado ser un excelente recurso para cultivar en los estudiantes las destrezas de pensamiento crítico y de comunicación. Esta tendencia se ha notado, en mayor o menor grado, desde siempre. Por ejemplo, usando el teatro como recurso, se puede mantener al estudiante en contacto con el mundo que le rodea. Se le da la oportunidad de participar de la experiencia de lo cotidiano sin el riesgo de estar en la realidad. Es un *laboratorio* donde se prepara a los alumnos para enfrentarse a la vida en la sociedad, en la comunidad, en la familia y en la naturaleza.

Otro de los aspectos que podemos fomentar usando el recurso teatral es el del autoconocimiento. Con esta autoconsciencia buscamos que el estudiante conozca sus virtudes y limitaciones y trabaje para descubrir las unas y superar las otras. Utilizando el recurso de las improvisaciones teatrales podemos saber cuales son los problemas que tiene el estudiante, y, así, estar en posición de referirlo a un especialista. Además de descubrir a los estudiantes talentosos, descubrimos estudiantes con problemas de aprendizaje, familiares, de autoestima, de aceptación, y otros. Algunos de estos problemas los podemos atender en el salón de clases, pero es recomendable que los estudiantes sean referidos a especialistas, como trabajadores sociales y orientadores, para que éstos diseñen la forma en que, juntos, puedan superar el problema.

En los cursos de teatro se desarrolla, más que en ótros cursos, el sentido de *solidaridad.* Los estudiantes aprenden a trabajar como un grupo, experimentando prácticamente la importancia de pertenecer al colectivo, ya que en ellos hay unos momentos para hacer valer su forma de pensar y, otros, en que advertirán que sus ideas no están de acuerdo con los intereses del grupo y del bien común. La experiencia de trabajar en grupo y subgrupos da pie para desarrollar líderes que puedan participar activamente en nuestro sistema democrático y en movimientos cooperativistas. En los momentos de crisis, los líderes son los que rescatan al grupo y los que lo ponen en marcha de nuevo. Estas experiencias hacen que el estudiante desarrolle y practique los valores humanos.

Las improvisaciones ofrecen una oportunidad para que los estudiantes desarrollen el *lenguaje,* tanto el hablado como el escrito. Se consiguen buenos efectos cuando se les pide a los estudiantes que resuman por escrito lo que ocurrió en las improvisaciones. También al hablar en *público* se hacen conscientes de la necesidad de aumentar el vocabulario para no hacerse monótonos. Con el análisis del trabajo de grupo se pueden desarrollar en los estudiantes destrezas de lectura, como la descripción, la identificación, la secuencia y la narración y destrezas de juicio crítico y evaluativo.

Una vez finalizadas las improvisaciones, se realiza lo que se conoce como el *post mortem,* que consiste en el análisis de la *improvisación,* comparando y clasificando los datos obtenidos, dos de los componentes de las destrezas analíticas. Con el recurso de las improvisaciones podemos desarrollar la discriminación auditiva, es importante que el estudiante aprenda a distinguir entre los sonidos como elementos de comunicación.

En nuestras tradiciones siempre ha estado presente la herencia teatral. El teatro puede ir asociado a juegos, rimas, bailes, leyendas y canciones de nuestra tradición. Cada una de estas expresiones puede convertirse en formas de expresión teatral; por lo tanto, el objetivo de las mismas se puede lograr de forma más eficaz usando los recursos teatrales. El teatro es un medio muy práctico para ponernos en contacto con la cultura popular y universal.

La destreza de memorizar se pone en práctica cuando hacemos teatro, bien sea al memorizar *parlamentos* o al recordar, para recrearlas, acciones que hemos experimentado anteriormente, como en la técnica de *memoria emotiva.* El teatro hace que el estudiante descubra cual de las técnicas de *memorización* es la que más va con su persona (repetición, escritura, uso de grabadoras, *ritmo,* relación con el espacio *escénico,* análisis o combinación de varias de ellas).

Otra de las oportunidades que da el teatro es el desarrollo de la escritura. El estudiante con inclinación teatral descubre que las improvisaciones pueden ser una fuente para la creación de piezas de teatro. Verá cómo se puede transformar la *motivación* obtenida en el proceso de la creación espontánea en una pieza de literatura. Descubrirá la diferencia que existe entre el hecho teatral y el *literario,* y cómo se pueden complementar. El estudiante se relacionará con el trabajo del dramaturgo al crear sus piezas. Experimentará cómo desarrolla sus personajes, el tiempo, el espacio teatral y cómo se relacionan.

Cuando esta experiencia, debida a la improvisación, se presenta, el estudiante descubrirá que tiene que recurrir a otras fuentes de expresión para poder plasmar lo que ha experimentado. Se sorprenderá haciendo maquetas y bocetos, usando la música y el baile, haciendo análisis literario, preguntándose acerca de la secuencia y de la justificación, ubicándose desde el punto de vista del espectador, y dejando de ser él mismo para ser el *personaje* o el público. En una palabra, se trata de extraer una experiencia completa, de la cual no debe privarse a ningún estudiante.

2. Posibilidades de integración

En la siguiente sección se discutirán en forma general las posibilidades de integración entre el teatro y las otras materias atendidas en el *currículo* de la escuela. Los especialistas en las diferentes materias descubrirán los ajustes que se pueden hacer con estas ideas que toman en consideración los temas y/o *conceptos* tratados en los cursos. Si los estudiantes no han experimentado con el teatro, los maestros deben llevarlos despacio para que se vayan interesando en la posibilidad de esa integración. No todos los grupos muestran el mismo interés. Se les debe hacer saber que es posible aprender disfrutando. En este caso, el uso del teatro no tiene la intención final de una presentación frente a un público. Aunque es una posibilidad.

Salud y seguridad

Desde el nivel preescolar, el tema de seguridad y salud se atiende en las escuelas. No es un descubrimiento la eficacia del teatro para la enseñanza de los *conceptos* relacionados. Por ejemplo: las reglas de seguridad. El teatro ofrece grandes posibilidades como la creación de personajes que promuevan el comportamiento adecuado y el respeto por los objetos o situaciones que puedan convertirse en peligro si no se les da un uso adecuado (cuchillos, fósforos, tijeras, piscinas, playas y otros).

La seguridad se puede practicar en el salón de clases. El salón es, como se dijo anteriormente, el laboratorio ideal, donde los estudiantes pueden experimentar las situaciones que se presentan en la sociedad. Por ejemplo: qué debe hacer un niño cuando un extraño intenta comunicarse con él, qué puede o no permitir, qué debe hacer si se pierde en un centro comercial, qué hacer en caso de un terremoto, un incendio, etc. Las dramatizaciones improvisadas son recursos que están disponibles para ser utilizados en la escuela, y no es necesario ser un especialista en teatro para sacarles provecho. Es suficiente que nos interesemos por el bien de los niños.

Se estudian además los hábitos alimentarios. Los buenos hábitos se pueden enseñar creando personajes que den buenos ejemplos. Pero también el uso de personajes antagónicos es un recurso de mucho valor. En muchas ocasiones los estudiantes aprenden lo que deben hacer, viendo los efectos que se siguen de no hacerlo. Se pueden mostrar los resultados de no alimentarse bien señalando cómo los huesos se fracturan con frecuencia y los dientes se dañan, así como destacando los problemas de la piel y los problemas de la mala digestión. Prueba de los resultados positivos es que los niños, al explicar por qué se debe comer tales o cuales productos, señalan que así lo dijo el *personaje* que visitó la escuela. Este es el método que también están aplicando las compañías publicitarias de productos relacionados con la salud y la alimentación.

Estudios sociales

En los cursos de estudios sociales se enseñan los oficios y profesiones. Con el teatro se pueden experimentar los temas relacionados con esos cursos. Poniéndole a un estudiante un casco y unas botas, aunque no sean del tamaño ideal, veremos cómo se transforma. La manifestación teatral en los niños es innata. Ellos aprenden imitando, y ése es el germen del teatro, la imitación. Déseles la oportunidad de imitar a un maestro, y ellos recrearán los modelos que han observado en la escuela. De la misma forma, y con relación a la familia, recrean lo que ocurre en sus hogares, o en los hogares de los vecinos. De esta manera, tal vez nos enteremos de que las cosas no son como deseamos que fueran, de modo que esta experiencia nos brinda la información con que podemos intentar la enmienda de algunas situaciones.

La comparación de unos hogares con otros y de unos familiares con otros es parte del contenido curricular en la escuela elemental. Se les debe enseñar a los estudiantes que existen diferencias individuales que debemos respetar. De igual manera la comparación de nuestra cultura y costumbres con la de otros países. Hay momentos en que estas experiencias se quedan en la *teoría* y no podemos aprovecharlas en forma positiva, como, por ejemplo, las referentes a la inmigración y emigración que estamos viviendo en nuestro país. El teatro es una fuente de información y el mejor recurso que tenemos para analizar e individualizar las experiencias.

Artes del lenguaje

Las *Artes del lenguaje* forman una de las materias que más se han ligado al teatro. Los maestros de español y de inglés han usado los recursos teatrales por siempre. El teatro está adscrito, como unidad de estudio en el *currículo* en varios grados. Las destrezas que más se resaltan en los niveles de la escuela elemental se pueden reforzar usando el teatro como vehículo.

En las lecturas o narraciones de cuentos e historias los estudiantes aprenden a construir imágenes visuales de lo escuchado. Estas imágenes se pueden representar no sólo como se escucharon, sino conforme a la interpretación o versión personal de los estudiantes. Los estudiantes aprenden a expresar lo que se les ha transmitido usando sus propias oraciones completas. Al expresarse frente a los demás, comienzan a entender la responsabilidad hacia el grupo, el sentido de solidaridad. Las historias pueden ser creadas por los mismos estudiantes, ya que hacerlo es parte del *currículo* de escuela elemental; de esta manera, tales historias resultan *pertinentes* para los estudiantes ya que parten de sus realidades y fantasías. Las historias se puedan representar usando diferentes formas de *lenguaje*, como el lenguaje oral, el lenguaje escrito y el *lenguaje corporal* como metáfora de lo escrito o hablado.

Una destreza a la que se le da mucha importancia en el desarrollo de los niños es la de escuchar. Lo que se escucha, que podría partir de una improvisación, se puede convertir en una pieza de teatro breve. El libreto ofrece a los estudiante el poder relacionarse con la creación de palabras, oraciones y signos de puntuación. La presentación frente al grupo de estas experiencias le da otra dimensión al aprendizaje.

Las historias se pueden iniciar de muchas maneras: proponiendo un título, partiendo de *conflictos*, o de objetos, etc, (ver capítulo de "Improvisaciones teatrales", página 13). También se puede hacer primero la improvisación, y luego buscarle un título. Toda representación debe ajustarse al nivel de desarrollo de los estudiantes. Pero debemos estar preparados para las sorpresas, porque cuando se estimula a improvisar los estudiantes son muy creativos.

El estudiante de los niveles elementales, según lo establece su *currículo*, tiene que aprender a distinguir entre la realidad y la fantasía y consecuentemente, ver que hay momentos para aceptar la fantasía y momentos en que hay que tomar en cuenta la realidad. En esas edades las fantasías invaden el campo de las realidades, y hay que prepararlos para un mundo real aunque nuestro mundo parezca absurdo.

Matemáticas

Adquirir el concepto de las figuras geométricas está incluido en el *currículo* de los primeros grados de la escuela elemental. Este aprendizaje debe irse reforzando hasta llegar a la escuela secundaria. La utilización del recurso teatral puede facilitar y enriquecer los conocimientos pertenecientes a esta área. El uso del teatro de *títeres*, títeres de sombras o teatro negro (capítulo XI, p. 99), puede ayudar a representar unos conceptos que resultan más abstractos para los niños del nivel elemental. Usando este medio se facilita la representación de círculos, triángulos, cuadrados, rectángulos. Se pueden enseñar sus variaciones y las formas que surgen con sus combinaciones; por ejemplo, las estrellas de cinco y seis picos. El método consiste en darles *personalidad* a esos elementos. La fantasía, activada con estos ejercicios, hace que los estudiantes retengan en la memoria, por más tiempo, estas ideas.

Los cómputos simples en aritmética y matemática son práctica constante en la escuela elemental. La representación de estos conceptos utilizando la improvisación teatral favorece su mejor comprensión. Por ejemplo: la utilización de elementos de *vestuario, utilería* y *escenografía* (teatro) puede ser una experiencia de integración en la cual un estudiante represente a un comerciante (oficio) que se ve en la necesidad de computar (matemática) al vender (sociedad) algunos de sus productos por los que ha de recibir paga.

Ciencias

Aunque en el capítulo de "Improvisaciones teatrales" (p. 13) se tratará expresamente de la improvisación teatral y su relación con el proceso básico de *solución de problemas*, se puede adelantar aquí su relación con el *método científico*. La utilización del método científico va más allá de las ciencias. Se inserta en la vida misma. Necesitamos solucionar nuestros problemas de forma procesal, y para ello nos brinda gran ayuda dicho método. La utilización del teatro, como recurso, nos ofrece la posibilidad de comparar cualquiera otra solución con la que nos ofrece el método científico.

Desde los grados primarios de la escuela elemental se les enseñan a los estudiantes las nociones básicas acerca del sistema solar (la Tierra, luna, las estrellas) junto con el paso del día y de la noche. Para impartir esta enseñanza puede utilizarse un *recurso teatral,* como el efecto de *luz negra* o teatro de títeres de sombra (p. 104). Con estos y otros efectos teatrales pueden aclararse las dudas de muchos estudiantes. La representación y las improvisaciones pueden ayudar a comprender lo que son la gravedad y las fuerzas magnéticas, nociones que se enseñan usualmente en segundo grado.

El estudio de la reproducción en las plantas (segundo grado), cuyo proceso se capta mejor observando una semilla hasta que se convierte en planta, puede complementarse con una representación luego que los estudiantes hayan estudiado dicho proceso. El control del tiempo real en teatro se conoce como *elipsis*. Usando esta técnica, lo que ocurre rápido en la naturaleza se puede hacer lento y lo que ocurre con lentitud se puede acelerar. Podemos mostrar el ciclo de vida de un ser humano en sólo un minuto o reproducir la caída de un objeto alargando en varios minutos lo que sólo sucedió en segundos.

Se pueden mostrar los conceptos de la ecología y del ambiente (las cadenas alimentarias, por ejemplo) usando también el *drama*. Este es un buen recurso para que los estudiantes expresen lo que ellos entienden sería el punto de vista de otros organismos. Como indicáramos anteriormente deberán distinguir entre la fantasía y la realidad. Podemos demostrar cómo los seres humanos afectan la relación entre ellos, y con los animales y el medio ambiente, y hacer ver los motivos que deben impulsarnos a evitar la contaminación. Se puede representar la relación e interdependencia entre los tres reinos de la naturaleza (el animal, el vegetal y el mineral); así como se pueden exponer las diferentes cadenas alimentarias, recreando escenas de la naturaleza.

También la célula y sus componentes se pueden presentar utilizando el recurso dramático, se puede hacer ver cómo una célula puede ser afectada por el medio ambiente, cuál es el código que dictan los cromosomas y el daño que podía ocurrir por la mala interpretación del código.

En los grados secundarios de la escuela elemental se estudian los átomos y la energía atómica, conceptos abstractos que podríamos mostrar utilizando efectos especiales de teatro. El comportamiento de las partículas subatómicas de ciertos elementos se puede recrear usando *títeres de sombra* o el efecto del *teatro negro* (p. 104).

Capítulo III

Improvisaciones teatrales

Cuando en educación nos referimos a la improvisación, esta referencia tiene implicaciones negativas, pero no así en teatro. La oportunidad de crecimiento que ofrece la improvisación teatral es indiscutible. La improvisación debe ser parte del entrenamiento tanto del actor profesional como del aficionado.

A través de las improvisaciones, el estudiante reconoce y se relaciona con los conflictos humanos, tales como el del hombre contra el hombre, y contra el ambiente, la naturaleza y lo sobrenatural, e incluso contra sí mismo. Desarrolla conceptos como la *composición escénica*, practica la relación con los otros actores en escena, controla sus *emociones*, utiliza el cuerpo y la voz como forma de expresión teatral, adquiere sentido del ritmo, etc.

1. La creatividad y la espontaneidad a través de la improvisación

La educación en la actualidad no es como antes, cuando la corriente de la información fluía sólo del maestro hacia los alumnos. Eso correspondía a lo que demandaba la sociedad: estudiantes que pudiesen retener la información que, luego, en las áreas de trabajo, como en la agricultura y, más tarde, en la fábrica, tendrían la necesidad de reproducir. En nuestra sociedad, calificada como postindustrial, la educación intenta desarrollar seres que, además de responder a las demandas sociales, puedan producir pensamientos y ver las posibilidades de llevarlos a la realidad.

Según el nuevo enfoque, se atiende a la preparación de estudiantes activos y partícipes en el proceso de aprendizaje. Nuestro interés es que los estudiantes sean reflexivos, que estén conscientes del proceso de pensar y puedan concluir por qué piensan de la manera que piensan. En este sentido, el teatro es uno de los mejores recursos, especialmente con la técnica de *improvisación* teatral.

Nuestra sociedad se caracteriza por la *innovación*, por el cambio, por la búsqueda de nuevas alternativas, y, si nuestros estudiantes han de ser los futuros líderes, deben comenzar la experimentación del pensamiento reflexivo desde sus años de preparación escolar. El ser creativo va más allá de buscar alternativas nuevas por el mero hecho de experimentar cambios. Nuestra esperanza se cifra en el ser humano que produzca cambios dirigidos a obtener beneficiosos resultados.

Utilizando el recurso teatral podemos enseñar lo que se denomina pensamiento creativo, con el cual se obtiene la oportunidad de relacionarse con los procesos de la toma de decisiones. Para acertar en la toma de decisiones debemos experimentar con la *solución de problemas.* Como seres humanos, estamos enfrentando problemas constantemente. Hallar la solución a estos problemas hará que nos sintamos satisfechos por el logro obtenido gracias a nuestro esfuerzo, aumentando, de esa manera, nuestra estima.

Otra de las ventajas que nos hace experimentar la improvisación teatral es el trabajo de grupo o colectivo. Aprender a trabajar en grupo nos capacita para participar cabalmente en una sociedad democrática como la nuestra. El ciudadano del presente y del futuro tiene que aprender a tomar decisiones, a resolver los problemas eficazmente, a seleccionar la mejor de las alternativas que se le presenten y a encontrar soluciones en el momento oportuno.

El proceso del aprendizaje creativo se puede presentar en forma sencilla como sigue: 1) reconocer el problema, 2) distinguir entre lo que conocemos y desconocemos del problema, 3) seleccionar la información que nos sirva para buscar las soluciones, 4) crear varias *hipótesis,* 5) escoger la hipótesis apropiada para la solución del problema, y 6) evaluar la solución obtenida. De manea resumida, esto es lo que experimentamos en el proceso de improvisación teatral. Con esta práctica tenemos la ventaja de ofrecer una prueba de laboratorio en la que todo está controlado, de manera que, luego de la presentación, se puede discutir la solución aportada, con la oportunidad de probar las otras hipótesis que se dejaron sin haberse explorado.

2. El proceso de improvisación y la experiencia en el salón de clase

La improvisación ha probado ser un medio eficaz en muchos campos de la vida en sociedad. Ha sido utilizada por terapeutas como medio de diagnóstico y de prevención. Se ha utilizado como medio de comunicación de grupos frente a *conflictos* de la sociedad. También como parte de la preparación de los actores para enfrentarse al público en los escenarios. Vemos, pues, cómo este medio se ha empleado con fines éticos, estéticos, terapéuticos y con el que más nos interesa a nosotros, el fin educativo. Como maestros, podemos pasearnos por todos los campos, pero debemos recordar que, al no ser especialistas en el campo de la psicología, debemos cuidarnos de interpretar psicológicamente las experiencias expuestas en las improvisaciones.

Uno de los objetivos del trabajo de improvisación es el desarrollo del sentido de grupo, el cual se consigue principalmente en los cursos de teatro. Así ocurre porque en estas improvisaciones se trabaja en subgrupos, mientras los estudiantes que hacen de *público* participan de lo que están experimentando los que son improvisadores.

En las improvisaciones no sólo se trabaja en el aspecto estético por el cual los estudiantes desarrollan su apreciación del teatro y de las artes. Se trabaja en el aspecto físico (el cuerpo), y se logra, de este modo, entender la importancia que ese aspecto tiene en la comunicación. El aspecto cognitivo queda atendido también por cuanto se logra expandir nuestros conocimientos en el intercambio con las experiencias de grupo. Del mismo modo, lo perceptual, social y emocional se desarrollan porque, al interactuar, nos hacemos conscientes del mundo que nos rodea y logramos mejor entendimiento de las diferencias y similitudes entre los seres humanos. Los trabajos realizados en las improvisaciones tienen sentido para los estudiantes porque, al partir de ellos, mismos resultan *pertinentes* y reflejan sus preocupaciones.

Por lo que refiere a este Manual, es conveniente establecer una diferencia básica entre *espontaneidad* e improvisaciones teatrales. En las improvisaciones hay que tener unas ideas básicas acerca de lo que el teatro. Cuando se improvisa, se tiene la *intención* de hacer algo con cierta premeditación, y se tiene en cuenta la posibilidad de señalarle una dirección a los propósitos. No se trata de tener control total de lo que ocurre, pero sí de la posibilidad de ir pensando, mientras se improvisa, en el resultado de lo que se está presentando al público.

3. Instrucciones generales sobre las improvisaciones

Antes que se comience a improvisar, se deben indicar los objetivos o propósitos del ejercicio, y, al comenzar a realizarlo, el maestro debe estar pendiente de las reacciones de retrocomunicación para descubrir cuándo un ejercicio se convierte en monótono, o cuándo se descuida, se hace demasiado rápido o se hace por obligación. El maestro debe proponer los *ejercicios* y motivar la discusión, invitando a que se modifiquen las improvisaciones según las necesidades del grupo. El grado de autosuficiencia de los estudiantes en la participación en los ejercicios demostrará si se están logrando o no los objetivos.

Cuando la improvisación no produzca resultado o se haga demasiado extensa, el maestro debe decir "busquen el final". Con esta llamada, el estudiante hará por finalizar su improvisación sin interrumpir su desarrollo. Muchas veces lo que se planifica o se piensa no sale, en cuanto a su ejecución, tan bien como lo hecho espontáneamente, e, incluso, lo que se hace espontáneamente puede tener más sentido que lo que se estuvo planificando por mucho tiempo.

Los integrantes de los subgrupos para las improvisaciones deben ser seleccionados al azar. Por ejemplo, si interesa que el subgrupo sea de cinco estudiantes, y el número total del grupo es de veinticinco, se va nombrando a los estudiantes del uno al cinco y al final se les pide que todos los que se nombraron con el número uno se agrupen en un lugar determinado del salón, y así sucesivamente con los números dos, tres, etc. De esta forma, se provee para que todos y cada uno de los estudiantes tengan la oportunidad de participar con todos los miembros del grupo, y para que no se formen corrillos excluyentes, ni se muestre rechazo a los que no sobresalen en los ejercicios sin habérseles dado esta oportunidad. En los ejercicios de improvisación aquí presentados se indica el número de participantes, lo que debe tomarse como una sugerencia para que los subgrupos resulten equilibrados.

Los estudiantes deben conocer las *normas de disciplina* que se establezcan para realizar los ejercicios de improvisación. Debe dárseles la oportunidad de discutirlas y de conocer los motivos por los cuales fueron establecidas. Algunas de estas normas forman parte de las reglas del salón de clase.

Las improvisaciones que se presentan en la próxima sección han sido probadas con grupos de 15 a 20 estudiantes desde quinto grado hasta nivel universitario. Una vez que los estudiantes hayan conocido cada una de las partes de su cuerpo, pueden realizar improvisaciones sencillas con las que demuestren lo aprendido.

- Para participar de los ejercicios debes participar de las instrucciones.
- Se comenzará a la hora programada.
- Las excusas por tardanza se recibirán al finalizar las improvisaciones.
- Consume tus alimentos antes o después del trabajo de improvisación.
- No debes utilizar goma de mascar en los ejercicios.
- Debes estar atento a las instrucciones y preguntar al director o maestro cuando tengas dudas.
- Se planificarán las improvisaciones en el tiempo provisto para esto.

- Las improvisaciones no se pueden interrumpir.
- Puedes usar la violencia teatral cuando sea necesaria, pero no abuses de ese recurso.
- Respeta el orden asignado esperando tu turno.
- Comparte tu trabajo con todos los compañeros del grupo y no sólo con algunos.
- Las improvisaciones se discutirán al finalizar las mismas y no durante éstas.
- Respeta el trabajo de tus compañeros como te gusta que respeten el tuyo.

Capítulo IV

Experiencias de preparación

Al comenzar una rutina de improvisaciones teatrales es importante separar tiempo para *ejercicios de calentamiento*. Lo primero que el estudiante debe conocer es su cuerpo y cómo se usa para expresar *emociones* y sentimientos. Se puede comenzar con una rutina sencilla de aislamiento en la que el estudiante mueva por separado la cabeza, el cuello, los hombros, el pecho, la cintura, la pelvis y las piernas. Se deben continuar aislando esas partes; por ejemplo, separando los brazos en antebrazo y separando las manos y los dedos. Un ejercicio más reducido aún consiste en separar las falanges de los dedos en movimientos aislados. Con cada una de las partes se pueden intentar los movimientos básicos de *inclinaciones, rotaciones* y *traslaciones* (Apéndice 1, p. 109). Se puede *explorar* con diferentes niveles del cuerpo desde estar acostado en el piso, hasta ponerse en cuclillas, de rodillas, doblado, parado y en la punta de los pies (Apéndice 2, p. 110). Se deben considerar diferentes *posiciones en relación con el público*, tales como ponerse de espalda, de frente, de perfil (Apéndice 3, p. 111). Todo lo anterior se conoce como los elementos básicos de la *composición escénica*. Daremos información complementaria en la sección "Dirección escénica" en la p. 79.

1. Expresión corporal

Antes de comenzar los ensayos se debe relacionar al estudiante con las formas de expresión artística del cuerpo y de la voz, incitándole a que observe en su medio ambiente cómo las personas usan el cuerpo y la voz para expresarse en lo cotidiano y cómo estas formas expresivas pueden ajustarse al teatro.

En la unidad de *expresión corporal*, hay que advertir que la intención no es preparar mimos, y sí poner a los estudiantes en contacto con esta forma especializada del arte teatral. Los ejercicios no deben ser rigurosos. Hay que explicar al estudiante que un mimo ha dedicado mucho tiempo a prepararse, y por eso es capaz de realizar movimientos muy complejos, inalcanzables para una persona que no ha tenido entrenamiento.

Se deben observar en los estudiantes los impedimentos físicos que puedan afectar la ejecución de los diversos movimientos, pero la limitación debe ser mensurada por ellos. Es necesario que el estudiante, en comunicación con el maestro, indique los ejercicios que no puede realizar. Así se evitan accidentes, al omitir ejercicios de alto riesgo e innecesarios.

En el estudio del cuerpo se le debe contemplar como una totalidad, pero también deben considerarse las diferentes partes por separado (aislación). He aquí algunas ideas:

Cabeza: Descansa en dos vértebras: el axis, que posibilita el movimiento de decir sí, y el atlas, que hace que podamos decir no. Es la parte más expuesta del cuerpo. Puede trabajar a favor o en contra de las demás partes.

Ejercicios: Decir sí, decir no, inclinar la cabeza hacia los lados y moverla en *rotación*.

Cuello: El tragar puede ser muestra de miedo. Si alargas el cuello da la impresión de orgullo. El movimiento hacia los lados, al frente o hacia atrás puede mostrar proximidad o distancia al escuchar y al mirar.

Ejercicios: Hacia adelante y hacia atrás, hacia los lados como una bailarina egipcia.

Tronco: Se encuentra entre el cuello y las caderas. Es el centro del cuerpo. Se divide en tres partes: pecho, torso y caderas.

Ejercicios: Hacer movimientos hacia adelante, hacia atrás, y luego de lado a lado con las tres partes aisladamente.

Piernas: Unen las dos realidades del mimo –cuerpo y escenario– al entrar en contacto con el piso. Se dividen en tres partes: muslos, piernas (de la rodilla al tobillo) y pies.

Ejercicios: Desde las caderas hasta el pie: Levantar hacia el frente y hacia atrás, balancearlas de lado a lado, hacer un ocho en el aire con la punta del pie.

Desde las rodillas hasta el pie: Levantar las rodillas y bajarlas con las piernas colgando, levantar la rodilla y mover de lado a lado en forma de péndulo.

Tobillo – Movimientos del pie hacia arriba y abajo, de lado a lado y en rotación.

Brazos: Los brazos se conectan al cuerpo por los hombros.

Ejercicios:

> ***Hombros*** – Subirlos y bajarlos, hacia adelante y hacia atrás y rotación
>
> ***Brazos*** – (desde el hombro hasta la mano) Rotarlos, hacia adelante y hacia atrás, subir y bajar
>
> Desde el codo hasta la mano: Hacer péndulos y girar.
>
> ***Manos*** – (muñeca) Arriba y abajo, hacia ambos lados, rotación. (dedos) separar cada dedo, mover independientemente cada parte de los dedos.

Cara: Nos da identidad propia. Por eso se utiliza un retrato como la mejor identificación.

Ejercicios: Hacer muecas estudiando las posibilidades de expresión.

Manipulación: La mejor forma de aprender la *manipulación* en *pantomima* es observar la realidad. Manejar objetos, observando, a la vez, el movimiento del cuerpo, ofrece claves para la manipulación. También advertir las diferencias en el tamaño, la forma, el peso y demás características de los objetos. Por supuesto, para lograr un buen resultado se debe hacer un ajuste artístico que considere la distancia desde el público. Es necesario ser concreto, plástico y claro en el empleo de los objetos imaginarios.

El resultado obtenido se debe presentar a otras personas que puedan opinar si lo representado es creíble. Se puede practicar con objetos reales, como puertas, baldes (vacíos o llenos), vasos, bloques, libretas y otros objetos que puedan ser necesarios para la representación.

Improvisaciones para desarrollar el uso expresivo del cuerpo

El espejo / reflejos

Propósito: separar partes del cuerpo (*aislar*), imitar y *congelarse*.

Participantes: todo el grupo en parejas.

Puntos de atención: Uso de niveles y aislación de partes del cuerpo.

Descripción: Las parejas de estudiantes se repartirán por el salón y tendrán suficiente espacio para moverse con libertad. Los movimientos deben ser lentos. Se prepararán para comenzar *congelándose* uno frente al otro, mirándose fijamente a los ojos y uniendo frente a sí las palmas de las manos. Se comenzará cuando el maestro indique, luego de verlos a todos congelados. Los estudiantes se moverán como si estuviesen frente a un espejo que no se puede romper. Al comenzar, ambos participantes irán moviendo, a la misma vez, las partes del cuerpo de forma aislada.

Variación 1: Después de haber practicado la primera forma, se seleccionará un líder en la pareja que será el que inicie cada los movimiento. Una vez finalizado un movimiento, el segundo participante lo repetirá hasta volver a la posición inicial. Se dará suficiente tiempo para que el primer estudiante cree diferentes formas con su cuerpo. Cuando el maestro diga "cambio", se alternará el líder. Se debe aprovechar la oportunidad para retar a los estudiantes del segundo turno pidiéndoles que realicen movimientos más originales que los del primero.

Variación 2: Pedir a los componentes de cada pareja que se muevan independientemente. En este momento se prescinde de la imagen del espejo. Se les retará a practicar movimientos no realizados anteriormente. Pueden usar más espacio. Recuérdeles que el segundo estudiante se puede mover únicamente cuando haya terminado el primero, y que los movimientos deben ser lentos. Los estudiantes podrán imaginar que son estatuas en diferentes posiciones. En este ejercicio es muy importante el desarrollo del movimiento que se haga hasta llegar al estado de congelación. En estos movimientos se pueden variar las partes del cuerpo ejercitadas, el ritmo y los niveles.

Propósito: Realizar movimientos repetidos en secuencia, unir los movimientos de un estudiante a los del subgrupo, experimentar con la *voz*.

Participantes: subgrupos de cinco estudiantes

Puntos de atención: Variación de sonidos, repetición del movimiento, utilización de diferentes partes del cuerpo, uso de niveles, profundidad y posiciones en relación al público.

Tiempo de planificación: ninguno

Descripción: Se puede comparar el sonido en este ejercicio con la forma en que suena un disco rayado. El movimiento es parecido al de un reloj de cuerda, en el que puede verse que cada una de las piezas se mueve distintamente, pero todas contribuyen a totalizar un único efecto (marcar los tiempos). Cada estudiante imaginará que es una de esas piezas.

   Se dividirá el grupo en subgrupos de cinco estudiantes. Se le indicará a uno de los estudiantes del primer subgrupo que vaya al frente y comience a hacer una serie de movimientos hasta completar una secuencia. Los movimientos no han de tener ningún sentido en particular, al igual que el sonido que se les añadirá. Se debe estar pendiente para que los demás participantes no repitan los movimientos y el sonido. Cuando el primer estudiante haya completado tres secuencias, entrará el segundo y comenzará con su secuencia de sonido y movimiento. Se deben *explorar* sonidos agudos y graves, procurando que el público pueda oírlos.

Variación: Cuando todos los estudiantes hayan hecho este ejercicio, se les puede pedir que lo hagan de nuevo; pero, en esta ocasión, asignando un tema de imitación. Los temas pueden ser, por ejemplo, herramientas de construcción, instrumentos musicales, salas de urgencias en hospitales, salón de clase. Los estudiantes deben recordar que son máquinas que repiten sin variación el mismo movimiento y el mismo sonido sin usar palabras.

| Figuras | Ejercicio 3 |

Propósito: crear sentido de grupo, *aislar* las partes del cuerpo, relacionarse con los elementos básicos de composición escénica, escuchar.

Participantes: subgrupos de seis estudiantes.

Puntos de atención: uso de niveles, posiciones estáticas, profundidad, composición

Tiempo de planificación: ninguno.

Descripción: Un subgrupo de estudiantes, colocado frente al grupo, seguirá creando una nueva posición cada vez que el maestro haga un sonido con el objeto seleccionado (olla, caja, madera, envase plástico, etc.). Esto se realizará mientras los estudiantes estén produciendo figuras diferentes. Se le dará la oportunidad a todo el grupo de hacer el ejercicio y se discutirá luego de finalizarlo.

Variación 1: Se puede hacer con dos objetos que produzcan sonidos diferentes, un sonido grave y otro agudo. Se les pedirá a tres estudiantes del subgrupo que reaccionen al sonido grave y los otros al sonido agudo. Se debe comenzar con ritmo lento el cual se puede ir acelerando, y, en otro momento, se pueden combinar los sonidos.

Variación 2: Esta se hará sin sonidos. Cuando los estudiantes conozcan los movimientos independientes que pueden realizar se pide a un estudiante que vaya al frente del grupo y adopte una postura pensando en los *ejercicios* de *aislación*, en los diferentes *niveles* y en las posiciones con relación al *público* (Apéndices 1, 2 y 3). Se quedará congelado, y un compañero lo sustituirá cuando vaya al frente del grupo y haga contacto con el otro compañero con alguna parte del cuerpo. Una vez que el segundo se congele, el primero regresará a su asiento y el segundo esperará por la sustitución. Se les indicará que se añade el contacto físico a propósito, porque este contacto ayuda a desarrollar la confianza y el sentido de grupo, que es lo que en muchos momentos salva el trabajo que se realiza en conjunto.

Variación 3: Mientras los estudiantes están individualmente improvisando frente al grupo, en un momento determinado se les pide que uno a uno se vayan sumando hasta que se complete el grupo. O sea, que en vez de ir sentándose se queden formando parte del conjunto hasta que se complete todo el grupo al frente. Al final, mientras todos están al frente, congelados y haciendo contacto cada uno con el cuerpo de otro, el maestro deberá hacer observaciones estimulantes en cuanto a la composición del resultado final. Fíjese en los niveles usados, en la profundidad, en el uso del espacio y en las posiciones con relación al público. Con este ejercicio se experimentan los elementos básicos de la composición escénica. Si es posible, retrate al grupo en la posición final para que los estudiantes puedan analizar el resultado del trabajo en grupo.

Variación 5: Cuando sea posible utilizar un sintetizador se prepara una grabación en casete con cuatro sonidos diferentes. Primero se establece una secuencia de cuatro tiempos tocando en cada tiempo uno de los sonidos. Se repite esto varias veces y luego se toca dos veces cada sonido, que han de irse acelerando. Se puede crear una parte en la que los sonidos se produzcan al azar. Cuando se complete la grabación se le presentará al grupo para que se familiarice con ella. Se pedirá a cuatro estudiantes que vayan al frente y comiencen a mover todo el cuerpo cada vez que oigan el sonido que se les ha asignado. Cuando lo hayan hecho, todo el grupo comenzará a limitar el movimiento (aislar) a ciertas partes específicas del cuerpo, como la cara, los brazos, las manos, las piernas, el torso, los hombros. Se puede finalizar con movimientos libres por todo el salón con todo el grupo respondiendo a los sonidos asignados. Con esto se tiene material para una presentación frente al público.

¿Quién dirige?	Ejercicio 4

Propósito: Intentar que no descubran quién dirige, separar partes del cuerpo (*aislar*), imitar y *congelarse*.

Participantes: grupo.

Puntos de atención: Uso de gestos, gesticulaciones, congelación e imitación.

Descripción: El grupo se colocará de pie en círculo. El maestro seleccionará a un miembro del grupo y le pedirá que salga fuera del salón hasta que se le llame. Se escogerá a otro estudiante del grupo para que sea el líder. Cuando entre el estudiante que estaba fuera y se sitúe en el centro del círculo, el líder comenzará a hacer movimientos a escondidas, de manera que no sea sorprendido por aquel. Para confundirlo, el grupo, sin mirar directamente al líder, repetirá el mismo movimiento lo más rápido posible. Cuando el estudiante que está en el centro crea que ya sabe quién es el líder, dirá su nombre; si no acierta, se le darán dos oportunidades más.

Ejercicio 5 | **Caricias y violencia (a distancia)**

Propósito: Uso de diferentes partes del cuerpo para mostrar la emoción y el control correspondiente.

Participantes: parejas

Puntos de atención: Uso de gestos, gesticulaciones, reacciones. Control de la distancia entre cuerpos.

Descripción: Se seleccionarán las parejas al azar. El maestro indicará que, manteniendo la distancia de aproximadamente un pie, uno de los integrantes de la pareja comenzará golpear al otro. El estudiante, en forma lenta, golpeará a la víctima en la cara, la barriga, le pisará los pies, lo pateará y le dará otros golpes que se le ocurran. Cuando el maestro indique "cambio", el estudiante que había sido víctima comenzará a golpear al otro tan duro como pueda (a distancia). Ambos deben usar sus gestos y gesticulaciones de tal manera que los golpes sean creíbles.

Variación: Se hará otra ronda, también a distancia, y se sustituirá la pelea por caricias, principalmente cosquillas. Se puede recurrir a las carcajadas para hacer más creíble la actuación.

Zapato o guante mágico

Propósito: aislar, movimientos contrarios a voluntad, uso de *gestos* y *gesticulaciones*, creatividad

Participantes: individualmente

Puntos de atención: aislar las partes del cuerpo, gestos, gesticulaciones, cambios en estados de ánimo.

Descripción: Este ejercicio se presta para que los estudiantes demuestren su capacidad de aislar las diferentes partes de su cuerpo y prueben su capacidad para la improvisación y la creatividad. Se le pide a un estudiante que vaya al frente del *grupo* para hacer la pantomima de acomodarse los zapatos o los guantes (lo que él seleccione). Después aparentará que el objeto seleccionado comienza a moverse independientemente y contra su voluntad. El estudiante intentará que haga lo que él desea, pero le será imposible conseguirlo. Si, por ejemplo, ha escogido el zapato mágico, puede simular que está bailando, caminando, dando una conferencia frente al público, actuando en un desfile de modas, practicando karate. También se puede imaginar que, al principio, se está dirigiendo un concierto, tocando piano, pintando una pared. Luego comienza la mano a actuar independientemente. Al comienzo, como se ha indicado, el estudiante hará lo que se propuso hasta que comience el conflicto. Obsérvese la *transición* de un estado de ánimo a otro. Al final, el personaje que hace el estudiante terminará frustrado, o tal vez ha conseguido dominar el objeto (guante o zapato). Estos ejercicios ofrecen una buena oportunidad para utilizar la creatividad.

Ejercicio 7	Manejo de objetos reales (uso y forma)

Propósito: creatividad, pensamiento divergente, manipulación del objeto, experimentar con *utilería*.

Participantes: individualmente, en subgrupos o grupo completo.

Puntos de atención: diversidad de posibilidades, recordar que no es el mismo objeto usado en otras situaciones.

Descripción: Cambio del uso y/o cambio de la forma. Los objetos presentados serán otra cosa menos lo que son realmente. El estudiante comienza a experimentar con utilería. Se colocan en la parte del frente del salón tres objetos. Se les pide a los estudiantes que vayan individualmente al frente y utilicen los objetos de forma diferente para la que fueron construidos. Un ejemplos puede ser un periódico, que se puede usar para cubrirse del sol o de la lluvia, para matar una cucaracha, para rascarse la espalda, o que puede *transformar* en un telescopio o en un megáfono. El objetivo principal es cambiar el uso normal del objeto presentado. Otros ejemplos de objetos: lámparas viejas, sombrillas, envases plásticos grandes, escobas, recogedor de basura, plumeros y otros.

Variación 1: Con la misma intención, se acomodan los estudiantes en el piso formando un círculo. El maestro entregará un objeto que se irá circulando para que cada estudiante tenga la oportunidad de atribuirle un uso diferente y ajeno al uso normal.

Variación 2: Tres estudiantes, al frente del grupo, manipulan un objeto para ver cuántos otros objetos pueden imaginar por espacio de dos minutos. Luego otro subgrupo hará lo mismo con un objeto diferente. Se puede hacer además una competencia entre tres estudiantes que, frente al grupo, le van cambiando el uso a un objeto particular.

Relevo de objetos (metamorfosis)   Ejercicio 8

Propósito: desarrollo de creatividad, uso de divergencias y manipulación de objetos.

Participantes: todo el grupo.

Puntos de atención: manejo de los objetos imaginarios, proceso del cambio de forma, variedad de objetos.

Descripción: En este ejercicio no se usarán objetos reales, sino imaginarios. Los estudiantes estarán sentados en el piso. Se comenzará con un estudiante que irá al centro del círculo, creará un objeto y lo utilizará (ejemplos: cámara, violín, escoba, martillo, libreta, etc). Luego se congelará y otro estudiante se levantará y tomará el objeto imaginario. Cuando el primer estudiante se siente, el segundo transformará el objeto convirtiéndolo en otros objetos completamente diferentes.

Variación: El ejercicio se puede limitar haciendo sesiones en que se especifique el tipo de objeto con el cual se va a improvisar. Por ejemplo: con bolas o esferas, deportes relacionados con pelotas, objetos con forma cúbica, instrumentos musicales, herramientas de construcción, y otros.

Ejercicio 9 | **Pantomimas simples (objetos/lugares)**

Propósito: Improvisar usando la expresión corporal partiendo de objetos, de lugares o de la combinación de ambos.

Participantes: uno.

Puntos de atención: uso de la expresión corporal en relación con el tema asignado, creatividad y *fluidez* en la improvisación.

Tiempo de planificación: de uno a dos minutos como máximo.

Descripción: Se puede improvisar *pantomimas* simples partiendo de objetos o lugares que se asignen al azar. Para hacerlo en forma diferente pueden escribir los conflictos en papeles que se reparten al azar utilizando una caja. Se debe comenzar con la lista de objetos y luego seguir con la de los lugares. Los estudiantes deberán definir quiénes son, dónde se encuentran y cuál es el conflicto en la improvisación.

Variación: La lista de objetos y de lugares presentada más abajo está numerada. Se les puede pedir a los estudiantes que mencionen dos números entre el 1 y el 25. El primer número le indicará el objeto y el segundo el lugar. Con estos datos el estudiante improvisará tratando de transmitir quién es y cuál es el *conflicto* (la naturaleza, lo sobrenatural, la máquina, la sociedad, lo personal, el tiempo, etc.) que le afecta. Esto se debe realizar preferiblemente en *pantomima*; pero, si a los estudiantes les interesara hacerlo hablado, se puede tratar. Los resultados del sorteo van a sorprender. Por ejemplo, podría darse la situación de que la selección sea el 6 y el 21 (grabadora cassette y una cueva). Se le dará al estudiante un minuto para planificar su improvisación.

Objetos:	Lugares:
1. lata de aceite de motor	1. playa
2. desodorante	2. bosque
3. lata de insecticida	3. escuela
4. zapatillas de ballet	4. sala de urgencia
5. lápiz labial	5. cárcel

6. grabadora de casete
7. marcador de libros
8. gafas de sol
9. jaula de pájaros
10. grapadora
11. *skate board*
12. juego de llaves
13. reloj pulsera
14. cortadora de grama
15. teléfono celular
16. chocolate de barra
17. espaguetis
18. bolígrafo
19. linterna de baterías
20. botella de bebé
21. bulto escolar
22. guitarra eléctrica
23. vaso de jugo
24. libro de chistes
25. radio de baterías

6. iglesia
7. cafetería
8. interior de un carro
9. un avión
10. museo
11. baño
12. cancha
13. cine
14. cuarto dormitorio
15. consultorio médico
16. oficina
17. parada de guaguas
18. circo
19. teatro
20. discoteca
21. cueva
22. isla desierta
23. salón de juegos
24. piscina
25. bote

Ejercicio 10

Sorpresa

Propósito: Uso de diferentes partes del cuerpo para mostrar emociones y las transiciones que en éstas se producen.

Participantes: individual.

Puntos de atención: Uso de gestos, gesticulaciones, reacciones y transición.

Descripción: El maestro tendrá varios sobres de carta vacíos. Se seleccionará un estudiante al azar, el cual echará un papel en blanco dentro del sobre y lo colocará en algún lugar en el escenario. El estudiante se organizará mentalmente imaginando el lugar concreto en que se supone que se desarrollará la acción, y, cuando ésta comienza, llegará muy contento al lugar que sólo él conoce y, por accidente, se encuentra la carta. Se sorprende y se alegra mucho. La abre y se pone a leerla de inmediato. El principio de la carta es muy halagador, pero en un determinado lugar comienza a decir algo que le molesta. Según continúa leyendo, se enfurece hasta que no soporta más y rompe la carta y hace mutis. Luego el grupo tratará de descifrar en qué lugar se encontraba, quién le escribió, y sobre qué trataba la cara. Los estudiantes pueden aducir varias interpretaciones, y el hecho de no dar justamente con lo que el estudiante imaginó no quiere decir que estuvo mal la interpretación.

Pasar la corriente	**Ejercicio 11**

Propósito: Ejercicio de calentamiento.

Participantes: grupo completo.

Puntos de atención: Contracción y relajación de los músculos. Exploración de posibilidades.

Tiempo de planificación: ninguno

Descripción: Algunos estudiantes le llamaban a este ejercicio "el electrocuta-do". Uno de los propósitos es ejercitarse. Cuando sientan que lo han logrado tienen que "pasar la corriente". Comenzará el maestro haciendo movimientos en los cuales mueva sus extremidades y la cabeza como si estuviese recibiendo una carga eléctrica. Cuando lo crea suficiente, tocará al estudiante de al lado y dejará de moverse. El estudiante comenzará a hacer sus movimientos, y luego pasará la corriente; y así en forma sucesiva.

Ejercicio 12   **Saludos extraterrestres (ET)**

Propósito: relacionarse con los compañeros, imitar, explorar con la voz y el cuerpo, creatividad.

Participantes: grupo completo.

Puntos de atención: comunicación y creatividad.

Tiempo de planificación: ninguno.

Descripción: Se coloca el grupo de pie y en forma circular. Se les pregunta cuáles son algunas de las formas que los terrícolas usan para saludarse. Ellos demostrarán algunas formas que incluyan saludos en diferentes partes del mundo. Luego, se les indica que imaginen que son seres de planetas en otros sistemas solares. Estos seres tienen una forma diferentes de saludarse. Concedido el primer turno a un estudiante (y luego siguiendo el círculo hacia la derecha o la izquierda), hará un saludo que incluya un movimiento combinado con sonido. El compañero de al lado responderá de la misma forma. Ambos finalizarán haciendo el saludo a la vez. El segundo estudiante iniciará su turno saludando de la forma en que se hace en su planeta, y así sucesivamente hasta que haya intervenido todo el grupo.

2. Expresión vocal

La voz puede educarse para convertirse en un instrumento de expresión. Por supuesto, algunos estudiantes tienen el sistema mejor preparado que otros. Los problemas que presentan éstos, pueden ser corregidos o mejorados en muchas ocasiones. El estudiante debe relacionarse con algunas definiciones básicas como las de los siguientes conceptos: *articulación, dicción, entonación, pausas, proyección, matices, ritmo y voz,* que aparecen definidos en el glosario de este *Manual.*

Para una buena dicción es importante una buena respiración. Se debe conseguir una respiración rápida y silenciosa. Se logra aumentar la capacidad de respiración haciendo ejercicios. Uno de estos es escoger una noticia, un ensayo, una poesía u otra pieza escrita, llenar los pulmones al máximo y comenzar a leer en voz alta, sin hacer pausas, hasta agotar todo el aire. Hacer esto múltiples veces, por varios días, logrará aumentar la capacidad de inhalación y el control en la exhalación. Este ejercicio ayuda principalmente a aquellos estudiantes que pierden el aire antes de terminar el parlamento.

Cuentan que algunos oradores griegos (Demóstenes...) se colocaban una piedrecita entre los dientes y estaban por largo tiempo hablando, de esa forma forzaban y desarrollaban los órganos articuladores. Los estudiantes pueden hacer el mismo ejercicio utilizando un corcho o un lápiz y leyendo en voz alta, lo más claro posible, recortes de periódicos u otras piezas de literatura.

Algunos problemas de dicción se pueden identificar y corregir mediante la utilización de trabalenguas. Se le puede pedir al estudiante que memorice uno, para hacerlo frente al grupo. No es la intención que el estudiante lo haga rápido, sino en forma clara y bien articulada. Este trabajo, luego del dominio del trabalenguas, se puede representar añadiéndole diferentes estados de ánimo como: coraje, tristeza y alegría. Se puede corregir la forma de entrar a escena, la respiración, el uso del estado de ánimo y la dicción.

Antes de comenzar a realizar las improvisaciones se debe relacionar al estudiante con el vocabulario básico. Luego se deben hacer ejercicios para conocer la función y las posibilidades del aparato vocal. Algunos de estos ejercicios aparentan ser sencillos, pero tienen importancia especial para esta práctica. Se le indica al grupo que cualquier estudiante que tenga algún problema físico que le impida realizar alguno de estos ejercicios debe indicarlo al maestro para buscar alternativas a la situación.

Ejercicios básicos:

a. Comenzar haciendo ejercicios de respiración inhalando y exhalando en cuatro tiempos. Hacer este ejercicio lentamente para probar la capacidad y aumentar el control de la respiración en cada estudiante.

b. Practicar algún tipo de ejercicio para *tensar* y *relajar* el cuerpo, principalmente el área del torso. Pedir a los estudiantes que se acomoden en un círculo con los pies ligeramente separados; cuando se diga "colapso", los estudiantes dejarán que su torso caiga hacia el frente y doblarán un poco las rodillas para no forzar las piernas. Estando en esta posición, se procurará que tanto los brazos como la cabeza estén colgando sin hacer ningún tipo de resistencia. Se pedirá que se tomen las manos detrás de la espalda y comiencen, a la vez que se cuenta hasta seis, a estirar hasta arquear la espalda hacia atrás, pero de modo que la cabeza quede hacia arriba. Al quedar en esta posición, se dirá "colapso" nuevamente para repetir el ejercicio por lo menos cuatro veces.

c. Mover la lengua por toda la boca con los labios cerrados explorando el paladar, las encías, los dientes y los labios. Luego se procede a reproducir el sonido de las motoras valiéndose de la lengua y de los labios. Ese tipo de ejercicio ayuda a mejorar la *articulación*. Con los labios resulta más complicado ya que, si no están completamente relajados, no será posible producir el sonido de motora. En una de las ocasiones en que se haga este ejercicio de la motora propóngase una competencia para ver cuál de los estudiantes puede resistir más tiempo. Este ejercicio ayuda en el control de la exhalación.

d. Para comenzar a explorar con la voz se puede pronunciar lo siguiente: "I-O-U-SA". Debe hacerse ligando bien las letras, despacio y exagerando la articulación, prestando atención a no poner más fuerza en una de las vocales que en las otras. Al comienzo se hará como grupo en círculo y luego individualmente. Se probará el alcance y el balance en la repartición del aire entre las vocales. Cuando se pruebe individualmente, el grupo debe estar en círculo, y el maestro debe ir al lado opuesto del que lo está diciendo para reconocer las limitaciones y fortalezas del ejecutante.

e. Para aumentar el volumen de aire en la inhalación se puede leer en voz alta sin entonar. Se puede decir frente al grupo parte de un poema, un recorte de periódico, un ensayo o cualquier otra lectura, la cual se hará sin detenerse, y se notará hasta dónde se llegó con una inhalación. Con este ejercicio se mejorará uno de los problemas de los actores aficionados que consiste en pronunciar finales débiles por haber agotado la reserva de oxígeno antes de terminar el parlamento o la oración.

f. Acomodarse un corcho o un lápiz entre los dientes para forzar la articulación. Esto obligará a mover mayormente los labios para luego hacernos entender mejor. Este ejercicio se debe combinar con trabalenguas, los cuales nos ayudarán a pronunciar distintamente las vocales y las consonantes.

Trabalenguas

El arzobispo de Constantinopla
se quiere desarzobispoconstantinopolizar,
aquel que lo desarzobispoconstantinopolice
o lo desarzobispoconstantinopolizare,
Buen desarzobispoconstantinopolizador será.

***

Pancha plancha con cuatro planchas
¿Con cuántas planchas Pancha plancha?

***

En lo alto de un árbol
hay un nido de paracatatrepos,
cuando la paracatatrepa trepa,
trepan los paracatatrepitos.

***

Yo como poco coco,
como poco coco como,
poco coco compro.

***

Erre con erre cigarro.
Erre con erre barril.
Rápido corren los carros,
sobre las ruedas del ferrocarril.

***

En Cancarajícara hay una jícara,
quien la desencancarajicare
buen desencancarajicador será.

***

Clarita clavó un clavito.
Un clavito clavó Clarita.
El clavito que clavó Clarita,
lo clavó como un clavito.

***

Tres tristes tigres
comían trigo en un trigal.

***

Paco Peco chico rico

le decía como un loro

a su tío Paco Rico,

quiero un loro que chille

poco a poco en poco pico.

***

María Chuzema techaba su choza

y un techador que por allí pasaba

le dijo: "María Chuzema,
¿Tú techas tu choza o techas la ajena?"
Ni techo mi choza, ni techo la ajena,
que techo la choza de María Chuzema.

***

La dadivosa divina danesa
donó su dedal a desgraciada doméstica.
La desgraciada doméstica despreció la dádiva
que le dio la dadivosa divina danesa.

***

Si su gusto no gusta
del gusto que gusta mi gusto
qué disgusto se lleva mi gusto
al saber que su gusto no gusta
del gusto que gusta mi gusto.

***

Guerra tenía una parra. Parra tenía una perra;
pero la perra de Parra rompió la parra de Guerra.
Guerra pegó con la porra a la perra de Parra.
—Oiga usted, Guerra, ¿Por qué ha pegado
con la porra a la perra de Parra?
—Porque si la perra de Parra
no hubiera roto la parra de Guerra,
Guerra no hubiera pegado con la porra
a la perra de Parra.

***

Me han dicho un dicho
que han dicho que he dicho yo.
Ese dicho está mal dicho,
pues si lo hubiera dicho yo,
estaría mejor dicho
que el dicho que han dicho
que he dicho yo.

***

Por la calle de Carretas
pasaba un perrito;
pasó una carreta,
le pilló el rabito.
Pobre perrito
cómo lloraba por su rabito.

***

La institutriz Miss Trestrós
ha pegado un gran traspiés,
por subir al treinta y dos
en lugar del treinta y tres.

***

Pedro Pérez, pintor peluquero,
pinta paisajes por pocas pesetas,
porque piensa partir para París pronto.

***

El perro de San Roque
no tiene rabo,
porque Ramón Rodríguez
se lo ha robado.

***

Si cien sierras aserran cien cipreses,
seiscientas sierras aserran seiscientos cipreses.

***

Un podador podaba la parra
y otro podador que por allí pasaba le dijo:
–Podador que podas la parra, ¿qué parra podas?,
¿podas mi parra o tu parra podas?
–Ni podo tu parra ni mi parra podo,
que podo la parra de mi tío Bartolo.

***

Tengo una cabra ética, perética y pelapelambrética.
Si los hijos de la cabra ética, perética y pelapelambrética
fueran éticos, peréticos y pelapelambréticos,
la cabra no estaría ética, perética y pelapelambrética.

***

–Pedro Pero Pérez Crespo, ¿dónde moras?
–¿Por qué Pedro Pero Pérez Crespo preguntáis?
Porque en este lugar hay tres Pedros Pero Pérez Crespo:
Pedro Pero Pérez Crespo de arriba,
Pedro Pero Pérez Crespo de abajo,
Pedro Pero Pérez Crespo del rincón.
Estos tres Pedros Pero Pérez Crespo son.

***

El cielo está enladrillado,
¿quién lo desenladrillará?
El desenladrillador que lo desenladrillare
buen desenladrillador será.

***

En un tosco plato
comen tres tristes tigres trigo;
un tigre, dos tigres, tres tigres.

***

Compadre, compre usted poca capa parda,
que el que poca capa parda compra,
poca capa parda paga.
Yo que poca capa parda compré,
poca capa parda pagué.

***

Compré pocas copas
y como pocas copas compré,
pocas copas pagué.

***

Manuel Micho por capricho,
mecha la carne de macho,
y ayer decía un borracho:
"Mucho macho mecha Micho".

***

Estando Curro en un corro
con Esquera y con Chinchorro,
dice: "amigos yo me escurro"
Y en un carro ve a Socorro
y hacia el carro corre Curro.

***

A Juan Crima le dio grima
al quemarse ayer con crema,
si la comes por encima
y tiene razón Sulema,
mucha crema come Crima.

***

Lalo es leal a Lola,
pero Lola lo releva al olvido.

***

El ajo picó en la col.
La col picó en el ajo;
el ajo, caracol y col
caracol, col con ajo.

***

Yo tenía una cabra ética, perética, perimpimpética, peluda, pelada y perimpimpada.
Que tenía un cabrito ético, perético, perimpimpético, peludo, pelado y perimpimpado.
Si la cabra no hubiera sido ética, perética, perimpimpética, peluda, pelada y perimpimpada.
El cabrito no hubiera sido ético, perético, perimpimpético, peludo, pelado y perimpimpado.

Improvisaciones para desarrollar el uso expresivo de la voz

| Historia con palabras | Ejercicio 1 |

Propósito: Trabajo en grupo.

Participantes: grupo completo.

Puntos de atención: la contribución de cada estudiante a una historia colectiva.

Tiempo de planificación: ninguno.

Descripción: En este ejercicio se indica que la contribución que hace cada estudiante es significativa. En su momento, cada estudiante contribuirá con una palabra. Todos de pie y en círculo estarán atentos a la primera palabra que dirá el maestro. El estudiante que esté a su derecha dirá una segunda palabra. Estas primeras palabras llevarán la intención de comenzar a crear oraciones. Cada estudiante tiene que esperar a que le toque el turno para decidir cual será la palabra con que contribuirá a la historia que va creando el grupo. Se debe permitir que la historia fluya libremente. No seguirá la dirección que hubiera pensado uno de los estudiantes, sino la que va surgiendo de la intervención de todo el grupo. Los estudiantes pueden repasar conceptos de las partes de la oración, como verbos, preposiciones, sustantivos, y otros, lo cual se hará sin que se pierda la continuidad de la historia.

Variación: Otra posibilidad es grabar el ejercicio y luego transcribir las oraciones para analizarlas gramaticalmente y en su contenido literario. Se pueden además transformar las oraciones a teatro añadiendo lugar, personajes y parlamentos de la pieza.

"Con la intención basta" (Comunicación con números, vocales o fonemas)

Propósito: trabajar en la intención con que decimos las cosas.

Participantes: parejas.

Puntos de atención: fijarse en la intención al hablar más que en lo que decimos, utilización de gestos y gesticulación para comunicarnos, transición al presentarse el conflicto.

Tiempo de planificación: ninguno.

Descripción: Con este ejercicio se demuestra que a veces no es lo más importante lo que se diga, sino cómo se diga. Es cuando puede decirse: "con la intención basta". Se le pide a los estudiantes que se formen en parejas. Una vez que se hayan formado, se les dice que representarán una pareja de amigos, que se conocen desde pequeños y que en la infancia compartían sus mejores momentos, como juegos, amistades, fiestas y gustos. Después de muchos años de conocerse, se mudaron a lugares distantes. Pasado el tiempo, se encuentran de nuevo. En ese momento experimentan sorpresa y una inmensa alegría, comienzan la conversación lógica de preguntar por los familiares, sobre lo que están haciendo en ese momento, etc. En un momento dado de la conversación, uno de los dos, sin intención, ofende al otro. El otro le responde diciendo que no debió decir eso, el primero dice que no es hipócrita, a lo que el segundo le dice que debe tener tacto en su trato con los demás, y así continúan hasta que la alegría se convierte en coraje.

Cuando los estudiantes entiendan la situación y estén preparados para realizarla se les indica que no pueden usar palabras convencionales, que únicamente usarán números en su comunicación. Con esto se logrará el objetivo del ejercicio al hacer que se vean obligados a usar su cuerpo y la intención de lo que deseen decir. Se les recuerda que los números se emplean al azar, que no tiene que haber secuencia, de manera que si, al comienzo, se dijo un número en lugar de un nombre, no tiene por qué corresponder siempre a ese nombre. Es importante recordar que "con la intención basta".

Variación: Se puede probar utilizando vocales, consonantes, pero no con palabras comunes. También pueden imitar la forma de hablar de un francés, un ruso, un africano, un chino o un árabe. En pareja escogen uno de estos idiomas para comenzar a imitar la forma en que hablan estas personas. No tienen que saber palabras del idioma.

Ejercicio 3 | **Familia de extraterrestres (ET)**

Propósito: relacionarse con el uso de conflictos humanos, relaciones entre otros, explorar con la voz y el cuerpo.

Participantes: subgrupos de cinco estudiantes.

Puntos de atención: comunicación, conflictos, *planificación*, trabajo de grupo.

Tiempo de planificación: tres minutos.

Descripción: Se le pide al grupo que se imagine a seres de otro planeta en otra galaxia, cómo caminarían y se comunicarían entre sí. Todas las posibilidades son válidas. Se les puede dar nombre a estos seres y al planeta de origen, como también se puede atribuirles una raza y otras características (*hodgepodge*). Luego se divide al grupo en subgrupos de cinco estudiantes. Se les pide que en el subgrupo elijan democráticamente al ser cuya representación más les haya interesado. Se especificará cómo se comunican (usar sonidos graves, agudos y variados) y cómo se desplazan esos seres. Determinarán en qué lugar concreto del planeta se encuentran (en un cine, en un parque de diversiones, en la escuela, en su casa, etc.). Se definirá cuál será el papel de cada uno de los personajes (maestro, padre, fugitivo, científico); qué relación tienen con los demás seres del planeta (amigos, enemigos, indiferentes, etc); y pensarán en un conflicto que los puede unir o separar. (ver "Conflictos humanos", página 69). Se les dará tiempo para que improvisen la situación frente al grupo y al final se discutirá el resultado.

Conferenciante extranjero

Propósito: Crear comunicación guiándose por gestos, gesticulaciones y voz, explorar con temas de lo cotidiano, comunicación con el público.

Participantes: parejas.

Puntos de atención: Uso del cuerpo, la voz, el espacio escénico, la creatividad y transiciones al presentar los temas.

Tiempo de planificación: ninguno.

Descripción: En este ejercicio uno de los estudiantes representará a una eminente figura extrajera (político, científico, artista, deportista o religioso) que estará ofreciendo una conferencia. Esta figura dictará su conferencia en el idioma de su país, dialecto desconocido por los estudiantes. Se seleccionarán idiomas, como el francés, ruso, un idioma africano, chino o árabe. El segundo estudiante será el traductor al idioma español. El tema de la conferencia será seleccionado en ese momento (contaminación, criminalidad, desempleo, armamentos nucleares, deportes olímpicos, etc.). El estudiante que represente al extranjero utilizará, en forma marcada, su cuerpo y su voz para que el intérprete y el público le puedan entender. Es posible que lo que está pasando por la mente del conferenciante no sea lo mismo que exprese el traductor. Deben tratar, en todo caso, de conseguir armonía en su comunicación. Luego que finalice el primer estudiante, cambiarán de papeles, así que el traductor será el conferenciante y el conferenciante será el traductor.

Colección de temas: Una de las sugerencias que hacemos es crear una colección de temas que nos sirvan para improvisar. Una lista que incluya las diferentes emociones experimentadas por los seres humanos es una posibilidad. Se puede pedir a los estudiantes que representen lo que significa cada una de las emociones tal como ellos la entiendan. Así que todo lo que se haga es válido. Luego se les puede proponer un par de estados emocionales opuestos o encontrados. Cada estudiante decidirá cómo presentará al público estas emociones y cuál será el conflicto que provocará la transición de una a la otra. Al finalizar se discutirá la representación.

Ejercicio 5   **Emociones humanas**

Propósito: relacionarse con las emociones humanas, cómo se producen, se recrean, se controlan y cómo se pueden variar.

Participantes: parejas.

Puntos de atención: representación de la emoción seleccionada, cambio en la emoción, uso del cuerpo, de la voz y del *espacio escénico*.

Tiempo de planificación: un minuto.

Descripción: Se discutirá con los estudiantes qué se entiende por *emoción*. Se hará una lista con las *emociones* que los estudiantes propongan, la cual se completará, de ser necesario, con otra lista complementaria. Se escogerán las parejas de estudiantes al azar, y se les repartirán dos de las emociones. Los estudiantes decidirán libremente qué emoción le corresponderá a cada uno. Uno de los estudiantes será el que prepare la transición entre las emociones. Algunas de éstas son: aborrecimiento, aburrimiento, adoración, alegría, angustia, aprensión, asombro, distracción, ensimismamiento, éxtasis, furia, ira, repugnancia, sorpresa, temor, terror, tristeza, vigilia. Al finalizar la actuación se procederá a la discusión.

Palito garabito

Propósito: Usando los mismos parlamentos, el estudiante explorará con diferentes estados de ánimo. Recurrirá al uso de la voz, los gestos y gesticulaciones para hacer creíble la actuación.

Participantes: grupo completo en círculo.

Puntos de atención: Uso de gestos, gesticulaciones, reacciones y la voz. Variación en la postura, la respiración y el control del cuerpo.

Descripción: El maestro y los estudiantes se colocarán en círculo. El maestro comenzará indicando en forma neutral los parlamentos que memorizarán y repetirán los estudiantes. El maestro, a la vez que le hace entrega de un pedazo de madera al estudiante que tiene a su derecha, le dirá "Aquí tienes este palito". El estudiante preguntará "¿Y qué tiene ese palito?" y el maestro responderá "Un tintín y un garabito". El estudiante lo repetirá hacia el compañero de la derecha y así sucesivamente hasta el último. Luego el maestro indicará que se cambiará el estado de ánimo a coraje, luego a alegría, tristeza y otros.

Variación: Se puede finalizar cantando los parlamentos, y cada estudiante en su turno puede cantarlo de forma diferente. El compañero responderá en el mismo estilo, y cuando le corresponda comenzar cantará en forma diferente. Pueden imitar cantantes de ópera, rock, salsa, merengue, rancheras, boleros, rap, de música típica, y otros. Se usarán las mismas líneas: "Aquí tienes este palito", "¿Y qué tiene ese palito?", "Un tintín y un garabito".

Tipos de personalidad

Propósito: relacionarse con los diferentes tipos de personalidad, cómo se producen, se recrean, y cómo se pueden variar.

Participantes: parejas.

Puntos de atención: representación de la personalidad atribuida, cambio de la personalidad, uso del cuerpo, de voz y del espacio escénico.

Tiempo de planificación: un minuto.

Descripción: Se discutirá con los estudiantes qué se entiende por *personalidad*. Se hará una lista que recoja los tipos de personalidad que ellos conocen, la cual se completará, de ser necesario, con otra lista complementaria. Se escogerán las parejas de estudiantes al azar y se les repartirán dos de los tipos de personalidad. Los estudiantes decidirán libremente qué tipo de personalidad tendrá cada uno. Ambos estudiantes intercambiarán las personalidades. Si en una pareja un estudiante es colérico y el otro ansioso, al finalizar la improvisación los personajes estarán invertidos. Se debe cuidar la transición entre un tipo y otro. Algunos de estos tipos son: acomodaticio, activo, agresivo, ansioso, antisocial, apacible, bullicioso, cambiante, caudillista, colérico, controlado, conversador, cuidadoso, despreocupado, formal, impulsivo, inquieto, optimista, pacífico, pesimista, reservado, rígido, sensible, serio, sobrio, sociable, tranquilo, vivaz. Al finalizar la improvisación se procederá a la discusión.

Propósito: relacionarse con los diferentes tipos de *necesidades humanas,* cómo se producen y cómo se pueden recrear.

Participantes: subgrupos de cinco.

Puntos de atención: representación de las necesidades propuestas, cambio en el tipo de necesidad, trabajo en subgrupos, uso del cuerpo, de la voz y del espacio escénico.

Tiempo de planificación: dos minutos.

Descripción: Se hará una lista de las necesidades humanas. Se puede establecer con el grupo completo cuál es la más importante. Luego del calentamiento, se dividirá el grupo en subgrupos al azar. En tarjetas se repartirán las necesidades a los grupos. Los estudiantes planificarán el conflicto que generará la necesidad. Algunas de las necesidades son: necesidades fisiológicas (hambre, sed, ejercitarse); de seguridad (en quién confiar y cómo estar fuera de peligro); de amor (unirse a otros, ser aceptado, formar parte de un grupo); de estima (tener éxito, ser competente, conseguir reconocimiento); cognoscitivas (conocer, comprender y explorar); estética (simetría, orden y belleza); de autorrealización (hallar la plenitud personal y comprender cuál es su potencial).

Ejercicio 9   **Rituales sociales**

Propósito: relacionarse con los diferentes tipos de ritos, cómo se producen, en qué lugares y tiempos se practican.

Participantes: subgrupos de 6 estudiantes.

Puntos de atención: representación del rito escogido, uso del conflicto humano, trabajo en subgrupos, uso del cuerpo, de la voz y del espacio escénico.

Tiempo de planificación: un minuto.

Descripción: El rito es el orden establecido para la celebración de una ceremonia. Los estudiantes mencionarán ritos que ellos conocen. Luego se les pedirá que se dividan en subgrupos. Se les dará la oportunidad de que escojan un rito que representarán frente al grupo. A este rito se le añadirá un conflicto en el momento acordado. Los estudiantes decidirán cuál será el final de la presentación. Algunos posibles rituales son los siguientes: bodas, cumpleaños, sepelios, despedidas de año, primer día de clases, graduaciones, campamentos de verano, bautizos, primera comunión, día de reyes y otros. Al finalizar la improvisación, se analizará con la participación de todo el grupo.

| Discrimen | Ejercicio 10 |

Propósito: improvisar utilizando los diferentes tipos de *discrimen*, en qué ambiente se dan, cómo se producen, en qué momentos, y cuál es la relación de poder entre el que discrimina y el discriminado.

Participantes: parejas.

Puntos de atención: representación del discrimen escogido, trabajo en subgrupos, uso del cuerpo, de la voz y del espacio escénico.

Tiempo de planificación: un minuto.

Descripción: Se puede comenzar citando las partes de la Biblia y la Constitución que plantean el principio de que "todos somos iguales ante los ojos de Dios y de la justicia...". Luego de esta reflexión los estudiantes mencionarán las diferentes formas que ellos conocen en las cuales se manifiesta el discrimen. Expresarán cómo cualquier discrimen afecta las relaciones sociales e individuales. Luego se dividirá el grupo en parejas, las cuales decidirán cuál es la forma de discrimen que utilizarán, en qué lugar se encuentran, quiénes son, qué relación guardan entre sí, etc. Algunas formas de discrimen pueden ser por razón de sexo, raza, edad, condición social, preferencias políticas, creencias religiosas, condición económica, origen de nacimiento, condición de salud. Para la discusión al final, se pueden usar algunas de las preguntas que aparecen en la sección *Post Mortem* en la página 61.

Ejercicio 11   **Los publicistas**

Propósito: Trabajo en grupo, destacar aspectos positivos, uso de imaginación.

Participantes: grupo completo.

Puntos de atención: selección del artículo, modificaciones al artículo, puesta en escena de la campaña; uso del cuerpo, la voz, el espacio escénico y la creatividad.

Tiempo de planificación: ninguno.

Descripción: Se les indicará a los estudiantes que todos pertenecen a una agencia de publicidad a la cual alguien traerá la idea de un artículo especial. Voluntariamente, uno de los estudiantes dirá cuál es el invento que le interesa promover a la compañía (ejemplo: cepillo de dientes con sabor a frutas, libreta con alarma para tareas, lápiz con micrograbadora, etc.). Cuando el estudiante informe al grupo sobre el invento, todos reaccionarán en forma positiva haciendo gestos y expresiones de apoyo. Una vez que se inicie el proceso, todo se hará con mucho entusiasmo sin importar cuán absurdo sea el producto y las formas de mercadearlo. No puede haber diferencias en el grupo. El inventor puede preguntar si alguien, en el grupo, tiene idea de cómo le llamarían al producto. Continuarán dándose apoyo y expresiones de solidaridad. El grupo puede continuar añadiendo otras informaciones sobre el producto, como cuánto sería su precio, cómo serían los anuncios de radio y TV, cuál sería la canción que lo identifique (*jingle*), dónde se vendería. El propósito principal es que todos los estudiantes, aunque puedan tener diferencias en el criterio, estén dispuestos a concordar por el éxito de la "campaña publicitaria".

Improvisación con pie forzado

Propósito: utilizando parlamentos al azar, los estudiantes crearán situaciones que improvisarán frente al grupo.

Participantes: subgrupos de seis estudiantes.

Puntos de atención: Se observará cómo los estudiantes se organizan, cómo ejecutan la improvisación y el análisis que hacen luego de finalizada. Se tomarán en consideración tanto los elementos de composición escénica, elementos de actuación, así como la forma de acercarse a los conflictos.

Tiempo de planificación: aproximadamente dos minutos.

Descripción: Una vez que esté dividido el grupo en subgrupos y éstos se hayan repartido en diferentes lugares del salón, el maestro irá por cada grupo asignando, al azar, el *pie forzado*. Los estudiantes planificarán la improvisación teniendo en cuenta que, en ella, y en un momento previamente establecido, tendrán que incluir el parlamento asignado. Ese momento puede estar al comienzo, en el transcurso o al finalizar la improvisación. En la discusión se le puede pedir al resto del grupo que intente descubrir cuál fue el pie forzado, pero si no pueden descubrirlo, no quiere decir que la improvisación falló. Hay que recordar que el pie forzado se usará tal y como se indique. En la discusión se les puede preguntar por otras posibilidades de desarrollo de la improvisación. La improvisación girará totalmente en torno a lo que pueda sugerir el parlamento o pie forzado.

Pies forzados:

1. "Sólo hay una cosa que se puede hacer con algo como eso."
2. "Esto será algo que llevaré conmigo siempre."
3. "Todo el asunto comenzó con la carta extraña que envió tu hermana."
4. "Tú maestro jamás creará una excusa como ésa."
5. "Jamás traigas esa cosa aquí."

6. "¡Rápido! Alguien que coja el teléfono. Debe ser tía Juanita con noticias."

7. "Eso es lo más inteligente que he visto que un niño de dos años puede hacer."

Pies forzados con estado de ánimo:

1. "Psh, cuidado, nos pueden estar escuchando (precaución)."

2. "¡Basta ya, estoy harto de escuchar! (ira)."

3. "Por favor, déjenme ir (súplica)."

4. "No puedo, tengo miedo (miedo)."

5. "Apúrate, parece que hubo un accidente (con prisa)."

6. "¡Qué personas más inteligentes! (sarcasmo)."

7. "No te preocupes, hiciste lo posible por ayudar (bondad)."

8. "Estoy tan cansado que no puedo moverme (cansancio)."

9. "Esta es la forma de hacerlo (seguridad)."

| Improvisación partiendo de un título | Ejercicio 13 |

Propósito: crear título y crear varias historias partiendo de lo sugerido por el título.

Participantes: individual y subgrupos de seis estudiantes.

Puntos de atención: selección del título, variaciones sobre un mismo título, puesta en escena del título presentado, uso del conflicto, del cuerpo, de la voz, del espacio escénico y de la creatividad.

Tiempo de planificación: aproximadamente dos minutos.

Descripción: Se les entrega a los estudiantes un pedazo de papel y se les pide que escriban en él su nombre y el título de una obra que a ellos les gustaría escribir. Que piensen en un título original que pueda corresponder a una obra seria o a una obra cómica. Pasado un minuto, se recogen los papeles. Se comenzará leyendo un título al azar y pidiéndole a un estudiante, distinto del que escribió el título, que describa cómo sería esa obra, que hable de los personajes, del lugar en que se encuentran y de los conflictos imaginarios. Que especifique cómo sería el *escenario*. Después se les pide lo mismo a dos o tres estudiantes, y se verá que pueden coincidir o bien presentar situaciones completamente opuestas. Finalmente, se pide al que escribió el título que explique en qué pensó o qué le sugirió el título escogido.

Variación: Se divide el grupo en subgrupos de seis estudiantes y se les pide que escojan uno de los títulos sugeridos por los estudiantes. Se les conceden 5 minutos para planificar la presentación. El título, desde este momento, pertenecerá al grupo; por lo tanto, su versión no tiene que coincidir con la idea del estudiante que lo propuso. Luego de hacer la representación, debe discutirse, considerando particularmente la trayectoria que tomó el título elegido. No deje de advertirse que ésa es una de las posibilidades, porque pueden existir otras con el mismo valor.

Capítulo V

Análisis de las experiencias
(Post mortem)

El *post mortem* (en latín, luego de la muerte) es el nombre que se le da a la discusión que se desarrolla después de una representación de teatro de vanguardia. Se hace con la intención de acercar los actores al *público*, para que ambas partes conozcan sus respectivas impresiones con relación a la pieza presentada.

Para sacar provecho de las improvisaciones es tan importante la improvisación misma como la discusión que se puede generar después de ella. Esta discusión puede tener varios enfoques, y tanto mejor si el enfoque es multidisciplinario. La crítica debe incluir el elemento artístico teatral, el psicosocial y el pedagógico. Si deseamos desarrollar pensadores libres, tenemos que dar oportunidad a la expresión del pensamiento divergente. Necesitamos ofrecer alternativas a nuestros problemas sociales, y éste es un buen ensayo para exponerlas. No todos tienen que opinar lo mismo, aunque sí deben justificar y analizar su forma de pensar (*metacognición*).

La motivación para el análisis de las improvisaciones puede partir de preguntas hechas por el maestro. Hacer la pregunta correcta es un arte que debe ser cultivado por todo educador. Se deben hacer buenas preguntas, de alto nivel (*taxonomía del pensamiento*, Bloom), y sin implicar una respuesta (*open ended question*). Deben retar al estudiante y motivarlo a pensar.

A continuación se incluye una lista de preguntas que se pueden hacer, a las cuales pueden irse añadiendo otras que interesen. Las preguntas se han clasificado, pero sin ordenación taxonómica.

Preguntas guía:

Identificación del conflicto

¿Cuál es el conflicto principal y cuáles son los secundarios?

¿De qué trata el conflicto presentado?

¿Qué me puedes decir de él ?

¿Cómo lo interpretas?

¿Puedes explicarlo en tus propias palabras?

¿Necesitas definirlo o establecer límites al conflicto?

¿Hay algo que debamos eliminar o que esté omitido en la presentación?

¿Qué tendrías que suponer?

Cómo nos acercamos al conflicto

¿Dónde podrías encontrar la información que necesitas para entender el conflicto?

¿Qué se ha intentado? ¿Qué pasos se han tomado?

¿Qué aspecto no funcionó?

¿Cómo se organiza la información?

¿Cuál es tu estrategia, sistema o diseño?

¿Has intentado dibujos, bocetos, tablas, árboles, listas, diagramas...?

¿Cómo investigarías más sobre lo presentado?

¿Qué relación tienen éste y algún otro conflicto presentado?

¿En qué se asemejan y se distinguen de los anteriores?

¿Se puede dividir en partes? ¿Cómo son las partes?

¿Qué ocurriría si eliminas esta parte?

¿Podrías establecer una situación de lo cotidiano parecida a la presentada?

¿Puedes intentar jugar a qué ocurrirá si...?

¿Puedes usar algún otro método para registrar la información?

¿Cuál otro método has usado o usarías?

Menciona otros conflictos relacionados. ¿Es éste más fácil de resolver?

¿Hay alguna otra forma para representar el conflicto (decir, dibujar, explicar, escribir un ensayo, hacer un bosquejo...)?

Solución del conflicto

¿Puedes explicar cuál fue el proceso de tu pensamiento?

¿Puedes ilustrar o demostrar la solución del conflicto?

¿Puedes explicarlo en términos simples?

¿Cómo le explicarías este proceso a un niño menor que tú?

¿Cómo ha cambiado tu forma de pensar?

¿Puedes explicar lo que tú piensas en estos momentos?

¿Qué palabras son clave y por qué?

¿Podías predecir lo que iba a ocurrir antes de la presentación?

¿Cómo te sentiste acerca de tu respuesta?

¿Qué otra cosa te gustaría saber?

¿Es ésa la única solución posible?

¿Cómo revisabas los pasos que habías dado? ¿Cómo determinabas que tus respuestas eran apropiadas?

¿Hubo algo a lo que le prestaste demasiada atención?

¿Es razonable la solución considerando el contexto?

Trabajo en grupo y conciencia social

¿Participaron todos los estudiantes con el mismo interés?

¿La calidad de la participación fue la misma en todos los participantes?

¿Trabajaron en equipo? ¿En qué forma?

¿Discutieron la situación en el subgrupo?, ¿con otros grupos?

¿A dónde y a quiénes recurrieron por ayuda?

¿Tuvieron todos la misma oportunidad para expresarse?

¿Puedes evaluar los procedimientos, las acciones y el progreso alcanzado?

¿Qué se proponen hacer próximamente?

¿Cuáles fueron las fortalezas y debilidades en la forma de acercarte al problema?

¿Cuál fue tu contribución al trabajo del grupo?

¿Fue apropiada la participación de tu grupo?

¿Qué tipo de situación es todavía difícil para ti?

¿Cómo te ayuda el trabajo de improvisación a entender o aceptar la posición de los demás?

Capítulo VI

Festival de improvisaciones teatrales

Cuando los estudiantes se hayan familiarizado con la práctica de las improvisaciones, se puede organizar una actividad en la que los estudiantes demuestren su talento. Podría ser, por ejemplo, un festival de improvisaciones teatrales con el que se persiguieran varios propósitos, entre los cuales podrían señalarse los siguientes: reafirmar los *conceptos* de improvisación aprendidos en clase, exponer a los estudiantes frente al público, crear sentido de grupo, darle publicidad al programa de teatro de la escuela, y otros.

Esta experiencia se puede presentar como un festival que implique competencia y la adjudicación de premios, o como una Muestra cuya finalidad sea solamente la exposición del talento frente al público. Se debe aprovechar la oportunidad para que los estudiantes, utilizando al maestro como guía, muestren su capacidad de organización.

En este tipo de expresión, se puede obviar la competencia si en lugar de que las parejas sean de la misma escuela, se invita a otra escuela a participar. Se pueden integrar ambos grupos, de manera que las parejas estén compuestas por un estudiante de la escuela organizadora y otro de la escuela invitada.

Para que sirva de modelo a la organización de un Festival de Improvisaciones, se incluye a continuación un reglamento que ya ha sido probado en otros festivales.

1. Reglamento para un Festival de improvisaciones teatrales

1. Se permitirán dos participantes por equipo.
2. Los participantes seleccionarán las situaciones que han de improvisar, extrayéndolas de sobres previamente sellados. Los enunciados de las situaciones tendrán un máximo de veinte palabras.

3. Se permitirá al equipo planificar la improvisación por treinta segundos. El equipo tendrá un tiempo límite de cinco minutos para realizar su improvisación.

4. Se dará un aviso visual al finalizar los cuatro minutos de improvisación.

5. Si a los cinco minutos de improvisación el grupo no ha terminado, se le avisará por medio de un sonido, pero no serán penalizados por ello. Tampoco se penalizarán por utilizar menos de los cinco minutos establecidos.

6. Se hará una primera ronda en lo que participarán unas veinte parejas, con situaciones diferentes. Se escogerán las siete mejores improvisaciones, y sus ejecutantes irán a la ronda final con una misma situación.

7. No se permitirá la entrada o salida del público durante las improvisaciones. En la ronda final, los estudiantes no seleccionados podrán permanecer en la sala.

8. En la ronda final, los estudiantes seleccionados pasarán a un lugar donde no puedan ver ni escuchar la situación que ha de representarse, ya que ésta será la misma para todos los finalistas.

9. No se permitirá el uso de palabras obscenas ni temas morbosos.

10. Cualquier participante que no cumpla con lo aquí establecido quedará automáticamente excluido de la interpretación.

Para facilitar la organización del Festival, es indispensable la colaboración de los estudiantes. Se incluye la distribución del trabajo por comités, de esta forma, se facilitará la coordinación. Es recomendable comenzar la planificación con un mes de anticipación y hacer reuniones de los diferentes comités semanal o bisemanalmente. Los estudiantes presidentes de los comités informarán del progreso de los trabajos y de las dificultades encontradas.

2. Comités de trabajo del Festival de improvisaciones teatrales

Comité de enlace

• Hará contacto con la escuela invitada para programar su participación.

• Coordinará la reunión de orientación para explicar el funcionamiento del Festival.

• Servirá de contacto con los estudiantes de la escuela participante.

Comité de inscripciones

- Coordinará el procedimiento de inscripción en la escuela propia y en la escuela invitada.
- Citará a reunión de orientación sobre las normas del Festival y las reglas de participación.
- Se encargará de los cómputos el día del Festival.
- Mantendrá el orden en la sala.

Comité de jurado

- Redactará y distribuirá la carta de invitación para el jurado y verificará su asistencia.
- Obsequiará al jurado con refrigerios.
- Enviará carta de agradecimiento luego del Festival.
- Orientará al público acerca del funcionamiento del Festival.

Comité de premiación

- Conseguirá precios de los trofeos y de las medallas que se otorgarán a los ganadores y el certificado de participación de los demás concursantes.
- Coordinará la compra o adquisición de los premios. Coordinará la participación del invitado especial que efectuará la entrega de los galardones en premiación.
- Considerará la dedicación del Festival a una figura destacada del teatro puertorriqueño.

Comité de publicidad

- Creará el plan de acción y lo desarrollará.
- Utilizará variedad de medios procurando la mayor eficacia en publicidad: *mariposas, carteles, comunicados de prensa, cruzacalles y tropezones.*
- Hará la lista de invitados especiales y les hará llegar la invitación al Festival.

Si se decide hacer el Festival en forma competitiva, hace falta que la evaluación se estipule dentro de unas normas que sean conocidas por todos, principalmente por el jurado. El estudiante debe saber lo que el jurado estará considerando en su evaluación para, de esta forma, tenerlo en cuenta cuando esté interpretando.

Al trabajar con improvisaciones el estudiante debe saber que, para conseguir la "semilla", tiene que buscar en el tema la parte conflictiva, la cual debe *explorarse* con seriedad. No debe intentar hacer reír adrede al público, porque perdería la sustancia teatral. La comedia es un conflicto dramático que, por la forma de ser presentado produce risa. Para ser cómico, se debe ser serio. Por otra parte, al usar el cuerpo, es tan importante la presencia del movimiento como su ausencia; y lo mismo ocurre con la voz: es tan importante el sonido como el silencio.

3. Hoja de Evaluación del Festival de improvisaciones teatrales

Grupo número _____

CRITERIOS	Participante 1	2
Uso del conflicto seleccionado		
Utilización del cuerpo para la caracterización		
Claridad al hablar, proyección e interpretación		
Emoción, se ajusta a lo que quiere representar		
Utilización adecuada del escenario		
Habilidad para relacionarse con el otro actor		
Fluidez en la improvisación		
Subtotales		

Total _____

Clave:

4 - Excelente   1 - Deficiente

3 - Bueno   0 - No consideró el criterio

2 - Regular

4. Conflictos para improvisar

Se ofrece a continuación una serie de conflictos que pueden ser utilizados en un Festival de teatro. Tienen la característica de ser generales para que los estudiantes los puedan ajustar a la pareja, la cual puede estar compuesta por miembros de ambos sexos o del mismo sexo. Donde se presente el género masculino o femenino puede ser intercambiado para el ajuste del grupo.

- Descubres que tu amigo te ha ocultado algo durante mucho tiempo.
- Te enteras de que el secreto que habías confiado a tu amigo lo ha divulgado.
- Necesitas una carta de recomendación.
- Tienes que comunicarle una mala noticia a alguien que es muy nervioso.
- Vas a pedir un aumento de sueldo.
- Un vendedor hace una visita para intentar la venta de su producto especial.
- Donde estás reunido se siente un escape de gas venenoso.
- Pides a tu maestro que te cambie la nota del último examen.
- Estás en compañía de alguien a quien le da un dolor muy fuerte.
- Eres un empleado que trata de complacer a un cliente exigente.
- Alguien tomó algo de tu propiedad sin tu permiso, y lo perdió.
- Como cliente, exiges que te devuelvan el dinero de un artículo sin garantía.
- Te preparas y te despides para marcharte a un lugar lejano.
- En una conversación pierdes la voz varias veces.
- Ensayas un monólogo para un director difícil de complacer.
- Se quedan encerrados en un elevador.
- Necesitas dinero prestado, y te lo niegan.
- Intentas convencerlo(a) para que no vaya a la fiesta de tu grupo.
- Descubres que no te han seleccionado, y sí a tu mejor amigo para hacer el personaje en la obra que audicionaste.
- Estás dando tutoría a alguien de poca concentración y/o lento en aprendizaje.
- Hablas por primera vez con el papá (o la mamá) de tu novio (a).
- Planificas el cumpleaños de un amigo muy especial.
- Haces los preparativos para un viaje en avión con un compañero que, además de ser supersticioso, le tiene miedo a la altura.

- Esperas durante un largo tiempo en la parada de la guagua.
- Crees que, de un momento a otro, ocurrirá un asalto.
- Un actor experimentado da sabios consejos sobre el arte de la actuación.
- Intentan planificar una improvisación de teatro, pero no se ponen de acuerdo.
- Estás en la playa durante un día soleado, el momento se interrumpe por algo inesperado.
- Ensayan el personaje de payaso que representarán en la actividad de la escuela.
- Comienzas una amistad con alguien tímido.
- Regresas a tu hogar de una ausencia breve, y encuentras todo cambiado.
- Ofreces consejos a alguien que no crees que los siga.
- Intentas convencer a alguien de que sus enfermedades son producto de la imaginación.

Capítulo VII

Enseñanza de teatro

1. Requisitos de los cursos

En esta sección se incluyen algunos elementos utilizados en el ofrecimiento de un curso de teatro dentro del currículo escolar. Para trabajar con ejemplos probados, se incluye la hoja que se distribuye el primer día de clases en el curso MONTAJE TEATRAL que se ofrece a estudiantes de noveno a duodécimo grado. En dicha hoja se hace claro cuáles serán los requisitos de evaluación en el curso. La idea es que los estudiantes entiendan que lo que ellos han visto en la presentación de sus compañeros o de grupos profesionales de teatro, implica muchos sacrificios y muchas horas de trabajo diversificado.

En los cursos ofrecidos en la Escuela Secundaria de la UPR se les pide a los estudiantes ver y reaccionar a la puesta en escena de obras de teatro, porque el teatro no sólo se aprende con el *montaje*, sino también observando el trabajo de otros compañeros. Nuestra intención en los cursos es preparar estudiantes que entiendan el trabajo de actores y técnicos responsables. Los requisitos deben ajustarse a las posibilidades con que cuenta y provea la escuela y a las que el maestro pueda gestionar.

Requisitos de evaluación en el curso

a. **Críticas:** Tres críticas de producciones teatrales. Dos de éstas serán de aficionados y una de teatro profesional (ver página 77).

b. **Ejercicios:** Asistencia y participación en ejercicios de preparación de actuación.

c. **Libretos:** Entrega de libretos. Estos incluirán los bloqueos, acotaciones generales y todo material entregado en el curso relacionado con la clase y la obra (Apéndice 5).

d. **Ensayos:** Asistencia y participación en los ensayos dentro del horario escolar y en los ensayos especiales. Estos serán avisados con anticipación y por escrito. Los ensayos fuera de horas de clase son parte del curso (Apéndice 6).

e. **Informes:** Informes de progreso de trabajo. Se incluyen los informes técnicos, análisis de personaje e informes especiales de actuación (Ver p. 87).

f. **Pruebas:** Pruebas escritas de vocabulario teatral y pruebas de actuación.

g. **Disciplina teatral:** Se evaluará el trabajo individual y grupal y la actitud hacia el desarrollo del curso (Ver p. 85).

h. **Asignaciones especiales:** Dada una situación especial requerida por la producción, se asignarán trabajos complementarios.

i. **Puesta en escena:** Se representarán para el público general un mínimo de cuatro funciones.

j **Trabajo técnico:** Incluye cuido y mantenimiento de equipo, herramientas y materiales. Además el montaje, funciones y desmontaje. El trabajo de taller requiere 10 horas por semestre (Apéndice 7).

2. Selección de la obra que se ha de montar

Antes de seleccionar una obra de teatro para el *montaje,* hay que tomar en cuenta varios elementos que van más allá del mero agrado de una primera lectura. En forma de bosquejo, se presentan los elementos que deben considerarse para no complicar el trabajo.

a. Lecturas que debe hacer el *director*

1) Antes de seleccionar la obra

a) Por aprecio especial:

Cuando uno se identifica con el estilo y desea conocer más sobre él.

b) Por crecimiento profesional:

Para conocer las nuevas corrientes

Para profundizar en la historia del teatro

c) Complemento a la producción:

Para conocer con profundidad al autor de la obra que se ha seleccionado.

2) Después de seleccionar la obra:

Para determinar si se adapta o se monta recreando el estado original de la obra.

a) Condiciones sociales

b) Condiciones políticas

c) País de origen

d) Momento histórico

e) Otros

b. Justificación del montaje de la obra

1) Propósitos con relación a los estudiantes y/o público:

a) Educativo

b) Recreativo

c) Educativo-recreativo

2) Necesidad del grupo para montar la obra:

a) Requisito del curso

b) Parte de los ejercicios de actuación

c) Crear fondos

d) Otros

3) Público al que se destina la obra:

a) Niños

b) Adultos

c) Heterogéneo

c. Material humano y físico disponible para el montaje

1) Actores-estudiantes:

a) Cantidad

b) Distribución de sexo en relación a los personajes

c) Edad

d) Experiencias anteriores con el teatro

e) Grado de interés mostrado

2) Facilidades:

a) Lugar para ensayos

b) Lugar para el montaje

tiempo disponible

cupo

   c) Facilidades para construir los elementos técnicos
   d) Materiales y herramientas para construcción
   e) Fondos disponibles o formas de conseguirlos
   f) Seguridad
       • de equipo
       • de personal

Es ideal que antes de seleccionar la obra se lea detenidamente el bosquejo anterior y se aplique en el análisis las obras. Considérese que complacer a los estudiantes en la selección es muy difícil y que no es el único criterio que se debe tomar en cuenta. La clave del éxito no es muy segura, pero la del fracaso es tratar de complacer a todo el mundo.

3. Libreto del director

A la vez que se va relacionando al estudiante con los aspectos generales del teatro, el maestro tiene que continuar la preparación que ha comenzado tiempo antes al seleccionar la obra.

Una vez seleccionada la obra, se debe comenzar a preparar el libreto de dirección. Se incluye una lista de lo que éste debe tener para beneficio de la producción.

Materiales que debe incluir

* Se mantendrá una lista de los números de teléfono de los estudiantes actores y técnicos participantes en la obra. Se deben incluir números telefónicos de urgencias médicas, policía estatal o municipal, director de la escuela, y otros.
* Hojas del libreto en páginas más grandes o acompañadas de páginas en blanco para anotar los bloqueos y las señales técnicas.
* Bloqueos (Apéndice 5).
* Hoja de relación de ensayos (Apéndice 6).
* Lista de cotejo donde se incluyan los puntos que se revisarán antes, durante y al finalizar la función.

Ejemplos:

☐ pagar luces de trabajo (*working light*)

☐ apagar luz de la *sala*

☐ cerrar puertas

... otros

- Lista de los *cues* y advertencias de cortinas, luces, sonidos, tramoya, cambios durante la obra, de maquillaje y vestuario. Se incluirán órdenes de "prevenido" y entradas de los actores.

- Lista de utilería que describa qué es cada cosa y cuál será el lugar asignado. Separar la utilería decorativa de la manual (Apéndice 4).

- Incluir copia de las señales (*cues*) de iluminación (ver capítulo "Trabajo técnico", página 88).

- Planos y bocetos del trabajo técnico (escenografía, iluminación, maquillaje, vestuario y otros).

- Fotografías de la producción en ensayos y funciones.

- Informe de publicidad con plan de acción y copias del trabajo realizado (*mariposas*, comunicados de prensa, hojas sueltas, y otros).

- Gastos de producción.

4. Audiciones

Una vez que los estudiantes hayan recibido la obra, se les solicitará que la lean y se familiaricen con su contenido. Se puede discutir la obra y las reacciones generales, pero no debemos desanimarnos si vemos que la obra no complace los gustos de todos. Hay preferencias en los gustos de los estudiantes que carecen de bases reales para adoptarlas.

Antes de la audición, se explica qué es ésta y cuál es su propósito. Deben seleccionar un *personaje* y una parte determinada del libreto, el cual estudiarán para interpretarlo frente al grupo. Se les debe dar oportunidad y tiempo para el estudio, porque muchos estudiantes tienen dificultad con la lectura, y ése no debe ser el criterio principal para la exclusión. Es importante recordar que muchas veces recibimos sorpresas al descubrir talento y *disciplina* en quienes no lo imaginábamos.

Recomendamos, por experiencia, el reparto doble, que significa asignar a dos estudiantes el mismo personaje. Una vez que se haya escogido el reparto, se debe discutir con los estudiantes sobre la obra en detalle, incluyendo trasfondo histórico e información acerca del autor. El estudiante debe estar consciente de que la selección, además de considerar su ejecución en la audición, tomará en cuenta la referencia física del *personaje*. El ejemplo que viene a la mente es el de las características físicas de Sancho y don Quijote.

Es recomendable hacer varios ensayos de mesa, que son lecturas en las que los estudiantes interpretan el personaje que a cada uno le corresponde. De esta forma, si hubiese necesidad de un cambio hay tiempo para hacerlo. Para más información sobre el tema ver la sección de "Ensayos" en la p. 83.

El maestro, luego de la selección del *elenco*, entregará al estudiante el análisis del *personaje* para que lo estudie y pueda contestar a preguntas con él relacionadas. Incluimos, a continuación, el cuestionario con lo que debe considerar dicho análisis.

5. Análisis de personaje*

- ¿En qué lugar me encuentro?
- ¿Qué día, hora y año es?
- ¿Qué de especial tiene este momento?
- ¿Qué me motiva a estar aquí?
- ¿Cuál es mi situación socio-económica?
- ¿Qué relación tengo con los que me rodean?
- ¿Qué cambios deseo que ocurran?
- ¿Qué me motiva a buscar el cambio que deseo?
- ¿Quién soy realmente?, ¿quién creo que soy?, ¿quién creo que los demás creen que soy? (ideas de psicoanálisis de Sigmund Freud).

Características:

- Físicas

  Edad, sexo, estatura, peso, raza, apariencia general (calzados, vestidos, maquillaje, peinados) y desplazamiento (lento, rápido, tenso o relajado).

- De la voz

  Timbre, tono, volumen, ¿la actitud expresada es de energía, aburrimiento o enfermedad?

- Mentales

  Es brillante, promedio, estúpido o tonto.

---

*Modelo para el estudiante.

- Emocionales

    Es firme, de personalidad cambiante, está confundido o melancó-lico, posee sentido del humor. Respuestas a personas y situaciones variadas.

- Espirituales

    Ideales, creencias religiosas, código ético, proyecciones para el futuro, actitud hacia la vida y hacia las personas que le rodean.

Factores que determinan las características:

- Familia

    Padres, hermanos, atmósfera en el hogar.

- Comunidad

    Condición socio-económica, trabajo, amistades, interacción con el ambiente.

- Educación

    Escolaridad, viajes, pasatiempos.

Nota al estudiante: Analiza el personaje como si estuvieses narrando la historia de tu vida. El libreto te será de gran ayuda, busca en los parlamentos datos que corroboren lo que dices del personaje. En el caso de que el autor no informe acerca de ellos, puedes inferirlo por el comportamiento del personaje y las reacciones que provoque en los otros.

6. Crítica de teatro*

Conforme vaya entrando el estudiante en contacto con la experiencia teatral, es importante que se le procure la oportunidad de ver obras de teatro, que pueden ser de teatro profesional o las representadas por sus compañeros o por grupos de aficionados en la comunidad. Debe ser una última opción el usar la televisión y el cine para enriquecer la experiencia. El estudiante se fijará en lo que próximamente otros observarán en su trabajo.

a. Datos generales de la producción: Debe indicar la fecha, hora, lugar, grupo y otros datos que entienda son significativos para el lector.

b. Libreto: Si tiene acceso al mismo, debe leerlo y hacer un breve análisis antes de ver la obra. Identificará el tema. Hará una segunda

---

*Modelo para el estudiante.

lectura luego de haber visto la obra, para reconocer los ajustes que se hayan hecho al libreto, tales como vocabulario, época, sexo de los personajes, etc.

c.   Actuación: Reaccionará a la caracterización de los actores. Cómo evolucionó el personaje a través del trabajo del actor. Uso de los efectos técnicos (vestuario, escenografía, maquillaje, iluminación, utilería y otros). Utilización de la voz y del cuerpo. Transmisión eficaz de la emoción del personaje al público.

d.   Trabajo técnico:

- Escenografía – Discutir si creó el ambiente requerido, si la escenografía fue práctica o decorativa y si se ajustaba a las necesidades de la obra.

- Iluminación – Verificar si ayudó a recrear el estado de ánimo, si permitió la visibilidad necesaria, si los efectos especiales fueron los que requería la obra y si se utilizaban en forma eficaz.

- Tramoya – Demostrar si se hicieron a tiempo los cambios técnicos, la apertura y cierre del telón, los cambios entre actos, y otros.

- Sonido – Música y sonido adecuados a la obra. Sonidos vivos y grabados. Ejecución a tiempo.

- Vestuario – Reflejo de época, clase social y gusto. Ajuste al cuerpo del actor.

- Maquillaje – Reflejo de características del personaje. Demostrar grado de eficacia.

e.   Público

Grado de interés mostrado. Reacción de algunas personas del público.

f.   Comentarios de resumen: Reacción personal a la producción y sugerencias.

Nota: Lo enumerado anteriormente tiene la intención de servir de guía. No debe contestarse con una sola palabra. Para lograr una buena crítica hay que hacer, con empeño, un trabajo personal y creativo. Se tomará en consideración la presentación del trabajo, ortografía, caligrafía y redacción.

Capítulo VIII

Presentación de las experiencias

1. Dirección escénica

Muchas veces encontramos que las experiencias de las improvisaciones, realizadas en los talleres o en las clases han resultado tan interesantes que pensamos en poder repetirlas. La definición de *improvisación* nos dice que es algo hecho al momento y sin planificación. Para poder reconstruir lo que se ha improvisado hay que tener en cuenta varios factores; entre ellos, que el trabajo que se realice guarde frescura y que aparente ser espontáneo, que no puede extenderse o irse por otro camino que no sea el original. Al redactar el libreto al comienzo, se puede hacer en forma bosquejada. En él se deben incluir los elementos básicos de la improvisación, y se debe hacer consciente al estudiante de que es preciso ser fiel a la idea original, aunque lo que se presente de nuevo sea interesante. Hay que ofrecer varias oportunidades para que se le añadan detalles al bosquejo hasta crear el libreto final. El proceso de los ensayos ha de reconstruir la *espontaneidad* que surgió en el momento en que se improvisó.

En esta sección se mencionan elementos que deben tomarse en consideración para el *montaje* de la pieza. Estos podrán servir, sin duda, de orientación para los usuarios de este *Manual* que no tengan preparación en teatro. Los estudiantes deben familiarizarse con estos elementos para que les ayuden a mejorar la dirección de la pieza. Las ideas aquí presentadas también pueden servir para el montaje de una obra convencional de un autor reconocido.

Uno de los problemas con que nos encontramos los maestros de teatro o quienes trabajamos en la dirección de un trabajo teatral, es la planificación de la actividad. El cambio que se debe dar de lo teórico a lo práctico. Contamos con que una explicación a los estudiantes pueda resolver el problema, pero tenemos que valernos de mucho más. El uso de esquemas, *bloqueos*, *bocetos*, planos, relaciones de ensayos y otros recursos traducen nuestras ideas hasta lograr la transformación o conversión. De la misma forma ocurre con las improvisaciones.

Lo que facilitará la experiencia es hacer que los estudiantes participen activamente en el proceso. El trabajo de *dirección escénica* es algo que debe concernir, y debe hacer que se sientan como actores en el proceso. En esto es tan importante el proceso como el producto final. Las dinámicas que se dan durante los ensayos y la planificación de las obras son recordadas por los estudiantes en forma ponderativa. Motivando a los estudiantes a entender nuestro propósito con el montaje de la pieza los hacemos guardianes del resultado.

Muchas veces intentamos resolver los problemas aduciendo que somos los "directores", o diciendo "Porque yo digo que es así", o "Porque yo soy el maestro". Debemos dar respuestas concretas del porqué de los movimientos, y, en consenso, traducir las ideas en acción. Lo ideal sería que, como grupo, estudiantes y maestros, construyamos las respuestas.

Cuando nos enfrentamos a la selección de la pieza escogemos usualmente obras con muchos actores. Esto tiene el propósito de abrir la oportunidad de participación a todos los que lo deseen; pero puede complicar la situación si le sumamos otros factores, como un salón-teatro pequeño, estudiantes sin experiencia o estudiantes poco motivados. Si se es un maestro perseverante, esto no será un obstáculo que imposibilite la realización del trabajo. Si es la primera vez que se monta una obra de teatro, y se escoge una ya escrita por un autor ajeno al grupo, se debe considerar una pieza corta de aproximadamente 15 minutos de duración (para más información, ver "Selección de la obra", p. 72).

2. Composición escénica

Podemos comunicarles a los estudiantes varias ideas de *composición escénica* que harán más atractiva la presentación frente al público. Pero se deben tomar como sugerencias y no como reglas, porque es muy difícil encerrar el teatro dentro de reglas que pueden ser rebasadas por el movimiento y la interpretación del actor y del equipo de trabajo. Sin embargo, el *director* y los estudiantes deben estar conscientes en todo momento de las ideas sugeridas para que les sirvan de guía en la presentación. Algunas de estas ideas son, por ejemplo: 1) no hacer líneas, 2) no hacer semicírculos; 3) no acomodarse en líneas paralelas al *proscenio*, 4) no quedar *equidistantes* (Apéndice 8). El arreglo del *espacio escénico* es igual al arreglo de un cuadro que hace un pintor, toma en consideración el punto de vista del espectador, añadiendo su percepción y su forma de decir las cosas.

Así, pues, la distribución que se hace en el espacio escénico de los actores se hace desde la perspectiva del público. Hay que tomar en consideración la profundidad. Otro aspecto importante cuando se tiene un *elenco* numeroso, es utilizar plataformas (Apéndice 19) para repartir y variar la composición añadiendo niveles. Las plataformas pueden ser desde 6" hasta dos pies, con rampas o escaleras para subir. Por supuesto que si el espacio que se tiene para montar la pieza (salón-teatro) es de poca altura, no se deben considerar las plataformas como medio de mejorar la composición. La altura debe ser mayor de 10' para poder usar una *plataforma* de 1' de alto.

La variedad en cuanto a los niveles utilizables incluye, además de plataformas, las posiciones de los actores. Se mejora la composición colocando a unos actores sentados, a otros en cuclillas y a otros detrás de las sillas, explorando posibilidades; posibilidades que se deben considerar sólo si la pieza lo permite.

Otras de las preocupaciones de los estudiantes en el proceso de *ensayo* son, por ejemplo: ¿qué hacer con las manos y los brazos?, ¿dónde me paro?, ¿se oye lo que digo?, ¿cómo camino?, ¿me veo donde estoy?, ¿por dónde y cuándo hago *mutis*?. Estas preocupaciones se resuelven, en parte, con la planificación, los bloqueos y la actuación en los mismos ensayos. En estos el *director* tiene la oportunidad de retroceder frente a los actores, y, acomodado en el espacio del público, observar los detalles de composición.

3. Motivación

Estimulación que suscita o despierta en un individuo el interés por conseguir un objetivo. Nosotros tenemos que provocar en los estudiantes el interés por el teatro como una de sus metas escolares. Esto no implica que el estudiante, en el futuro, vaya a seguir la carrera teatral, sino que, en el presente, debe aprovechar al máximo la oportunidad de experimentar con el teatro.

El estudiante actor debe identificarse con el trabajo que está haciendo. Sentir que lo hace por él, por las notas, por sus compañeros, por el maestro, por la escuela, por el teatro, por la historia, por el autor y su vida, por el público y por la experiencia. Debe sentir que el trabajo de su grupo depende de las aportaciones que él pueda hacer. De esta forma comprenderá y pondrá en práctica el significado de la palabra *solidaridad*. El estudiante debe automotivarse y ser motivador, captar el momento en que él, el grupo y el maestro necesitan estímulo para emprender y continuar la marcha hasta lograr los objetivos propuestos.

Todo (o cualquier) maestro-director debe tener los recursos necesarios para que el compromiso del montaje de la obra se cumpla. El *elenco doble* garantiza la presentación de la obra ya que un estudiante se puede ausentar por muchas razones. Algunas de ellas pueden ser médicas, y también el miedo al *escenario* (*stage fright*), el no estar identificado con el trabajo del grupo, el cumplimiento de un castigo impuesto por los padres o los maestros entre otros.

Otra dificultad al dirigir a actores-estudiantes es la poca o ninguna *proyección* de la voz y el *personaje*. Sobre la voz sabemos que los estudiantes tienen el mecanismo para proyectar porque los oímos "gritar" por los pasillos y en las competencias deportivas. Debemos hacerles conscientes de que deben proyectar la voz si quieren cumplir el propósito por el que están en la escena. Un medio es preparar al estudiante psicológicamente para que pueda enfrentarse a la experiencia de actuar frente al público. Se debe jugar a imaginar que la *sala* está llena. Que el público tiene muchos deseos de verlos actuar. Que será una experiencia inolvidable.

Muchas veces se da por entendido que un estudiante de buena memoria tiene que ser bueno en teatro. La *memorización* es un elemento importante , aunque no lo es todo. Respecto a esta actividad de la mente nos encontramos con estudiantes que están muy interesados en participar en la obra, pero cuando llega el momento de memorizar el libreto, se advierte que no tienen las destrezas, ni se sienten motivados para hacerlo. El no haberle dado la oportunidad para ejercitar la memoria o el verle poca utilidad a la memorización son algunas de las razones que explican esta dificultad.

Si el problema de memorización es insuperable, hay varias alternativas que podemos considerar. Por ejemplo la *lectura teatralizada* y el *teatro leído*, técnicas que en la actualidad están de moda y que, al igual que el teatro, fueron institucionalizadas por los griegos. La diferencia entre esas dos técnicas es que, en la primera, lo que fue creado como ensayo, cuento, historia o poema se adapta para ser leído y actuado frente al público, y en la segunda lo que se presenta frente al público es una pieza originalmente teatral ensayada y después leída en forma dramatizada. No se trata, pues, de lecturas improvisadas, porque las precede un proceso de ensayos, durante el cual se corregirán la voz, la expresión del cuerpo, las intenciones y se incluirán elementos de *técnica teatral*. La diferencia con el teatro normal que aquí nos interesa es que no se memorizar la pieza.

Otra alternativa es el *doblaje*. En esta técnica, un grupo de estudiantes hace la *mímica* en el *escenario* mientras otro grupo lee la obra desde otro lugar que puede estar, o no, a la vista del público. Todo trabajo presentado con interés y seriedad tiene su propia validez frente a un grupo.

El maestro tiene que trabajar en la parte emotiva de la obra, aunque se trate de una comedia o de una farsa. La consecuencia de que una obra no sea analizada o no sea pertinente en opinión de los estudiantes es que éstos no se van a sentir motivados. El no trabajar en esta dirección hará que tampoco se proyecte unidad y *credibilidad* en la obra. Cuantas veces ocurre esto, se tiene la impresión de estar viendo a escolares que repiten las tablas de multiplicar frente a un grupo. A esto se refieren los que dicen que la actuación no tiene *duende* o magia.

La *distribución del tiempo* en el montaje de una pieza es muy importante como elemento de *motivación*. En esta experiencia es tan importante la cantidad como la calidad. No se puede pretender montar la obra en dos semanas con estudiantes que no tienen experiencia; como tienen que hacer muchos ajustes físicos y emocionales, necesitan un tiempo razonable. Es necesario hacer, por lo menos cuatro ensayos, en los que la obra corra completa, ante el maestro que permanecerá sentado haciendo anotaciones para corregir al final de cada *ensayo*. Mientras se ensaya se le darán indicaciones al grupo por medio del estudiante designado como ayudante en dirección, aparte de las que crea conveniente hacer el propio maestro. El trabajo realizado, por mínimo que sea, debe recibir un reconocimiento.

4. Ensayos

Muchas preocupaciones que surgen durante la planificación de la obra se resuelven en el proceso de los ensayos, cuando se tiene la oportunidad de ver la pieza puesta en escena. Esa es la oportunidad para darnos cuenta de que la reacción de tal estudiante se adelantó o se atrasó, de si se acomodaron de forma *equidistante*, en semicírculo, de si están usando los brazos en forma exagerada o no los están usando; de que están mirando al piso, etc. Como *director*, observando desde el público, se analiza la pieza en forma objetiva. No se trata, pues, de dejarnos llevar por el texto, sino de entrar en la dimensión desde la que se ve la totalidad.

Cuando ya está todo preparado para comenzar los ensayos, hay que tomar en consideración varios factores. Lo primero que se debe hacer es fijar la fecha de la presentación, que debe estar ajustada a las circunstancias. De la fecha de la presentación se parte para elaborar una relación de los ensayos, es decir, el calendario en que se indica el día, el tipo de *ensayo* y las páginas o escenas que han de cubrirse. Para preparar esta relación, ha de compensarse por la fecha de la presentación, señalando, en retroceso, las fechas de los ensayos. También ha de incluirse en esta proyección el tiempo destinado a la obra, que tendrá, aproximadamente, hora y media de duración. Los ensayos se realizaran tres días a la semana en períodos de una hora (Apéndice 6).

Se debe aclarar que existen varios tipos de ensayos y que cada uno de ellos tiene objetivos especiales. Los primeros ensayos se llaman **ensayos de lectura.** En estos los estudiantes se relacionan con el libreto y los personajes. Es ideal que, durante estos ensayos, los estudiantes utilicen el análisis del personaje, según vimos en la p. 76, para dar forma al personaje para el cual fueron seleccionados.

Cuando los estudiantes están ya familiarizados con el libreto, comienzan **los ensayos de bloqueos.** Este tipo de ensayo se hace para fijar los movimientos básicos, que son principalmente los que indica el autor en el libreto. Además, se incluyen los movimientos añadidos por el *director.* En estos ensayos el estudiante va adornando la actuación con movimientos secundarios.

Otro tipo de ensayo son los **ensayos de tiempo.** En estos, el objetivo principal es tomar el tiempo de duración de la obra. Se mide el *ritmo,* y así se tiene una idea de la totalidad de la pieza. Este tipo de ensayo no se debe interrumpir por ninguna situación.

Los **ensayos técnicos** son los que incorporan la parte técnica (*sonido,* luces, vestuario, maquillaje, utilería y escenografía) a la parte de actuación. Estos ensayos se pueden interrumpir para corregir problemas técnicos.

Al ensayo final se le llama **ensayo general.** Equivale, de hecho, a una función sin público. Es costumbre hacer sólo un ensayo general para que tenga el carácter de algo solemne. Lo que no se haya corregido hasta ese momento, difícilmente se corregirá en las funciones.

Como indicáramos al hablar de los requisitos del curso de teatro (ver p. 71), en algunas ocasiones es necesario realizar ensayos fuera del horario escolar, pero considerados como pertenecientes al currículo. Como ayuda para el maestro, se incluye una lista de lo que se debe comprobar cuando se realicen estos ensayos.

Ensayos fuera del horario escolar

- Lista de comprobación   (☑ *Check list)*

Antes del ensayo

☐ Discusión del horario con los estudiantes.

☐ Carta a los padres, con tres días laborables de anticipación, en la que se indiquen las horas de comenzar y de finalizar el ensayo.

☐ Copia de esta carta a la dirección de la escuela (oficina) para oficializar la actividad y quedar cubiertos con el seguro escolar en caso de accidente.

☐ Avisar a la policía estatal o municipal solicitando rondas preventivas.

☐ Obtener las llaves de los portones.

☐ Recoger el permiso firmado de los padres.

Durante el ensayo

☐ Permitir solamente a los estudiantes del curso.

☐ Comprobar que los estudiantes permanecen en el lugar del ensayo.

☐ Ajustar el ensayo al horario programado.

Después del ensayo

☐ Esperar que todos los estudiantes hayan sido recogidos.

☐ Inspección visual del área de los ensayos.

☐ Apagar las luces y todo artefacto eléctrico.

☐ Cerrar todas las dependencias (o locales) utilizadas.

☐ Devolver las llaves a las personas encargadas.

5. Disciplina

Por *disciplina* se entiende el cumplimiento de reglas establecidas para ser cumplidas durante la preparación y el montaje de la obra. Establecerlas es precisamente lo que se hará en el curso de teatro, y, especialmente, al comenzar a ensayar. Para prevenir la sana convivencia, se ofrecen, más abajo, algunas normas de disciplina que, por otro lado, simplificarán el trabajo de los ensayos. Estas normas no sólo sirven para controlar el trabajo del grupo y del individuo, sino que se han de considerar como parte de la evaluación.

La disciplina se origina y se aplica en cuatro direcciones: con relación al maestro, al arte teatral, al grupo y al estudiante en particular.

> *Todo trabajo artístico de excelencia requiere que lo difícil se haga costumbre, la costumbre, sencillez y la sencillez, belleza.*
>
> C. Stanislavsky

a. Debes llegar veinte minutos antes de la hora señalada para un ensayo especial (fuera del horario de clase).

b. Escucha atentamente las directrices, tanto las que te corresponden como las que se impartan a los demás actores.

c. Trae a los ensayos de bloqueos dos lápices. Anota en el libreto tus bloqueos y las acotaciones generales.

d. Cuando el parlamento de un compañero actor no esté claro, comunícaselo, de esta forma él intentará corregirlo.

e. Tus parlamentos deben estar marcados en el libreto con un color que los haga fáciles de distinguir. El libreto debe estar debidamente identificado.

f. Las escenas que se cubrirán en el ensayo del día, deben estar estudiadas y, además, memorizadas cuando se indique.

g. Debes estar preparado en tu lugar cinco parlamentos antes de entrar a escena.

h. Mientras esperas tu entrada a escena, debes tener tu libreto en mano.

i. No hables en escena a menos que sean tus parlamentos. Si tuvieses que improvisar, recuerda que tienes que hacerlo en caracterización.

j. Cuando estés fuera de escena y tengas que hablar, puedes hacerlo en susurro y no en tonos graves.

k. Durante los ensayos, aprovecha el tiempo que tienes antes de entrar a escena para memorizar.

l. Debes aprender a criticarte y a aceptar la crítica de tus compañeros.

m. Debes realizar tu trabajo con orgullo; recuerda que no existen personajes buenos o malos, sólo actores buenos o malos.

n. Aprende a ser paciente con aquellos actores a quienes les toma tiempo el caracterizar.

o. Debes ser sensato y tener tacto en el trato con los demás actores.

p. Recuerda que no hay ensayos de más, y sí ensayos de menos.

q. No abuses de las excusas ni te des por vencido.

r. En los ensayos, no puedes ingerir alimentos ni líquidos, y, menos, si éstos están fríos.

s. Utiliza el vestuario que se te asigne; la idea, al usarlo, no es que el actor se vea "bonito".

t. Al efectuarse los cambios de escenografía, no debes permanecer en el área del escenario porque interrumpirías el trabajo técnico.

u. La utilería no está hecha para jugar, tiene su lugar señalado, y en él debe permanecer.

Capítulo IX

Trabajo técnico de teatro

El trabajo técnico en las producciones de teatro aficionado muchas veces se subestima. Sin embargo, esta parte del teatro es tan importante como la parte de actuación. Nuestro compromiso como *maestros de teatro* es enseñarles a los discípulos la importancia de la parte técnica. Una técnica mal realizada puede perjudicar de algún modo la obra y, en el peor de los casos, echarla a perder.

Muchas veces, la excusa para no trabajar lo técnico es el factor económico. Por supuesto que lo económico es un factor imprescindible, pero con poco se puede hacer mucho. Es cierto que siempre nos preocupa cómo vamos a hacer la escenografía, cómo lograr el vestuario, la utilería y los otros efectos técnicos. Diremos a este respecto que las escenografías económicas pero imaginativas, la iluminación con instrumentos caseros, las prendas de vestir adaptadas etc. son posibles soluciones con que remediar o paliar esa preocupación. Cada caso, por supuesto, hay que tomarlo por separado.

Cuando se vaya a escoger una pieza para montarla, se debe seleccionar una obra cuya parte técnica sea sencilla. Por ejemplo, una obra en que los efectos de *sonido* puedan reproducirse en una grabadora de casetes, que es bastante asequible y que los estudiantes son especialistas en manejar. El sonido grabado en una casete nos puede ayudar a crear el ambiente antes de comenzar, y, durante la obra, como hemos dicho, puede reproducir los efectos de sonido de la pieza. Un estudiante que haga este tipo de trabajo, y que sea reconocido por sus compañeros, se sentirá orgulloso de su contribución al grupo.

El equipo de *iluminación* teatral es un equipo especializado y costoso. Sin embargo, hay recursos eficaces que están al alcance de las producciones de teatro escolar. Las lámparas comunes pueden crear efectos especiales si son colocadas en sitios adecuados y *aforadas*. Experiméntese con la iluminación

ción del actor orientando la lámpara desde el techo, desde el piso y desde uno de los lados. A estas lámparas se les puede controlar la intensidad de la luz utilizando *dimmers* caseros, que pueden conseguirse a precios rebajados. Con un poco de ingenio, y con la ayuda de un especialista se pueden construir varios *dimmers* caseros para los efectos especiales de la obra.

La *escenografía* se puede construir utilizando cartón y pintura de goma. Recuérdese no usar pintura de brillo, ni de aceite. Ese tipo de cartón se puede conseguir en ferreterías, mueblerías y fábricas. Si se hace la solicitud por medio de una carta en que se que indique es para una producción de teatro escolar, es muy probable que, de estar disponible, le darán el material solicitado. También se puede construir un juego de bastidores que se puedan alterar pintándolos y cambiándolos de lugar para las diferentes obras.

Los bastidores son construidos con *alfajías* y *blanquín*. Estos materiales tienen las características que exige una buena *escenografía:* son fuertes, de poco costo, livianos, fáciles de transportar y de almacenar. Para un salón de poca altura se pueden construir bastidores de 6' de alto (Apéndice 10). Combinándolos con un *tapón*, se pueden crear diferentes escenografías.

A continuación se incluyen las consideraciones generales que se deben tomar en cuenta en cada una de las áreas técnicas. Los libros especializados ofrecen más información al respecto. De estos libros aparecen algunas fichas bibliográficas en la sección referencias.

1. Maquillaje teatral

- Describir el efecto que produce la distancia y la iluminación teatral en el rostro de los actores.
- Mencionar las diferencias que existen entre el maquillaje teatral básico, de caracterización, de corrección y el maquillaje estético.
- Reconocer los diferentes materiales y herramientas básicas usadas para el maquillaje teatral.
- Relacionarse con el libreto para comenzar con el diseño del maquillaje (Apéndice 11).
- Considerar los aspectos de salud, condición socioeconómica, patrones alimentarios y otros, que puedan ayudar a la aplicación conveniente del maquillaje.
- Realizar ensayos para habituarse al el proceso de maquillaje y desmaquillaje.

2. Iluminación teatral

- Conocer los objetivos de la iluminación teatral: crear estado de ánimo, visibilidad, destacar detalles, y otros.
- Conocer las características y las cualidades de la iluminación teatral.
- Relacionarse con los instrumentos básicos usados: "fresnel", elipsoidal, *dimmer*, y otros.
- Leer el libreto para marcar los *cues* o señales de cambios en la iluminación y en los efectos especiales (Apéndice 12).
- Diseñar la localización de los instrumentos que han de usarse, organizar su distribución y enumerar el equipo.
- Responsabilizarse de la seguridad mecánica (fijar los instrumentos) y eléctrica.
- Cuidar las herramientas y el equipo técnico.
- Finalizada la producción, recoger y desmontar el equipo usado.

3. Escenografía

- Determinar las herramientas y el dinero disponible para la construcción.
- Tomar en consideración las cualidades de una buena escenografía: económica, liviana y fuerte.
- Estudiar el libreto para determinar el estilo y la forma de la construcción.
- Realizar el boceto y el plan de escena (*ground plan*) donde se indiquen las medidas de lo construido y de lo adquirido.
- Responsabilizarse por la seguridad al trabajar con las herramientas.
- Mantener un inventario del equipo y de las herramientas que existen en el taller.
- Al finalizar la producción, encargarse del recogido y almacenamiento de la escenografía.

4. Vestuario

- Estudiar el libreto para identificar época, posición social, nivel económico, estación del año, gustos, y otros.
- Diseñar el vestuario, crear bocetos utilizando las diferentes plantillas (Apéndices 13 y 14).
- Enumerar el vestuario que se habrá de confeccionar, conseguir prestado o alquilado.

- Tomar medidas a los actores.
- Una vez conseguido o confeccionado el vestuario, citar al elenco para que se lo pruebe, y después hacer las alteraciones que resulten ser necesarias.
- Organizar un desfile de vestuario ante el director y el diseñador con la misma iluminación que ha de utilizarse en la producción.
- Ayudar a los actores a vestirse y enseñar a utilizar los accesorios.
- Designar un lugar determinado para que los actores devuelvan el vestuario, y velar por que esto se cumpla.
- Hacer arreglos para enviar el vestuario a la lavandería.
- Al finalizar la producción, devolver el vestuario prestado o alquilado y guardar el confeccionado.

5. Utilería

- Estudiar el libreto y hacer una lista de la utilería decorativa y manual que la producción requiera (Apéndice 15).
- Responsabilizarse de la apariencia, el color, el estilo o período de la utilería.
- Preparar una lista en la que se indique qué utilería es prestada, comprada, alquilada o construida especialmente para la producción.
- Conseguir un lugar para almacenarla.
- Mientras se consigue la utilería apropiada, proveer al elenco de una utilería provisional para los ensayos.
- Responsabilizarse de tener la utilería finalizada para los ensayos técnicos.
- Colocar una mesa tras bastidores, en un lugar determinado, para que los actores devuelvan la utilería manual.
- Responsabilizarse de la reparación de la utilería si ésta hubiera sufrido algún desperfecto.

6. Sonido

- Estudiar el libreto y determinar cuáles sonidos serán en directo y cuáles grabados.
- Preparar el libreto con los *cues* o señales de intervención (Apéndice 16).

- Proceder a preparar los sonidos grabados y ensayar los sonidos en directo.
- Realizar ensayos de los niveles de volumen.
- Realizar ensayos técnicos individuales, y luego con el grupo en totalidad.
- Tener inventario del equipo de sonido y responsabilizarse de su seguridad y de su debido uso.
- Una vez finalizada la producción, devolver el equipo prestado o alquilado y almacenar el equipo de la escuela.

7. Publicidad

- Leer el libreto para enterarse del contenido y diseñar un modelo de publicidad.
- Crear un plan de acción con las fechas aproximadas para ejecutarlo.
- Considerar las diferentes formas de llegar al público remoto e inmediato.
- Construir *cruzacalles, mariposas, tropezones,* y distribuir *comunicados de prensa* para radio y televisión.
- Allegar recursos artísticos, físicos y económicos disponibles.
- Reclutar talento artístico de la escuela.

Importante: Estos son algunos aspectos que deberán tomarse en consideración para la realización del trabajo técnico. Un alto grado de creatividad e iniciativa, desarrollado por los estudiantes, es elemento esencial para conseguir el éxito deseado.

Capítulo X

Planta física

El maestro de teatro o cualquier maestro de las otras áreas académicas, tienen la posibilidad de transformar su salón en un espacio donde se pueda experimentar con el teatro. Este espacio, llamado *salón de teatro*, puede tener varios usos: dar clases de teatro, realizar *ejercicios* que ayuden en la formación del ser integral que nos proponemos, ensayar las piezas que consideramos montar. Puede, incluso, convertirse en y ser el teatro de la escuela.

A veces se piensa que lo mejor sería montar el producto final en un verdadero teatro. Para tomar esta decisión, debemos considerar las experiencias que han tenido los estudiantes y las que nos proponemos que tengan. Estas podrían darse en un salón de clase y ser una experiencia completa; o bien podrían tenerse en un teatro y ser una mala experiencia. Si se trata de la primera experiencia en dirigir una pieza de teatro, rechace la idea de montarla en los salones de actos de las escuelas. En esos "teatros" se acomodan 300 estudiantes que intentan ver y escuchar a los que comienzan a practicar en el *drama*. Pero es mejor montar una representación para 30 personas, que puedan ver, escuchar y apreciar la obra, que montarla para esos 200 que, tal vez, sólo están en la representación por no tomar otras clases.

Un agravante más podría ser que en la escuela no exista tradición teatral. Sería un error montar la obra para un público numeroso en estas condiciones. El público es importante para el éxito de la obra; por eso, en esas condiciones, es mejor montar la pieza en un lugar pequeño, donde se hagan dos funciones diarias por varios días, que hacer una sola función, para mucho público, en un local más amplio. No sólo debemos garantizar una buena experiencia al público, también a los estudiantes actores.

1. El espacio

Uno de los problemas que enfrentan las escuelas y las comunidades es la falta de espacios apropiados para el *montaje* de una obra. Solemos pensar que para que la obra pueda considerarse efectiva y de éxito tiene que presentarse en un espacio amplio y a un número sustancial de personas. Consideramos que el número ideal debe sobrepasar las 100 personas; sin embargo, como se dijo anteriormente, una experiencia completa se puede dar en un salón común, con un público de 30 ó 40 personas, donde se hagan varias funciones utilizando dos elencos en forma alternada.

Este es el espacio del que podemos disponer en la mayoría de las ocasiones. Por ser pequeño, nos da sentido de intimidad y correspondencia entre el público y los actores. No tendremos preocupación por la *acústica,* ya que, con menor esfuerzo, se puede oír bien desde todos los lugares.

Algunas consideraciones que se deben tomar en cuenta para hacer cambios en el salón de clases son las siguientes:

Debemos consultar con las autoridades escolares la posibilidad de que haya algún espacio en la escuela para ofrecer los cursos de teatro en forma regular. Este espacio debemos acondicionarlo de la misma forma que se hace con los salones de ciencia, de matemáticas y de otros cursos. Conseguido el espacio, habrá que realizar cambios permanentes y cambios provisionales para hacer la experiencia de enseñar teatro más agradable.

Si hay que realizar cambios permanentes, se deben tomar en cuenta varios factores; entre ellos, si el edificio de la escuela pertenece a Edificios Públicos o es un edificio privado alquilado por el Departamento de Educación. En todo caso se necesita autorización oficial para taladrar y poner instrumentos de *iluminación* o un telón, añadir o quitar alguna pared.

Luego que se consiga la autorización, se puede recurrir a la ayuda de los padres y de la comunidad, si no existiese la posibilidad de realizar los cambios por medio de los empleados del gobierno. Los padres pueden ser de gran ayuda, ya que, entre ellos, suele haber carpinteros, albañiles, ingenieros y de otras profesiones que pueden dar asesoría y participar en los trabajos del cambio. Otro tipo de ayuda que podemos recibir consiste en que tanto los maestros como los padres presenten propuestas por escrito, con diseños y, de ser posible, con maquetas de los cambios proyectados.

2. La seguridad

Una de las preocupaciones más grandes de un maestro de teatro es constatar si el espacio utilizado ofrece la seguridad necesaria para los estudiantes, tanto para los de los cursos de teatro como para los que asisten a las funciones. Por ejemplo, el área debe ser inspeccionada por el servicio de bomberos, el cual debe indicar, si las hubiere, las fallas que deben ser corregidas. Puntos que debemos asegurar son: que el espacio tenga salidas de emergencias y que éstas estén debidamente señaladas, que el equipo de iluminación esté instalado y comprobado por un perito electricista, que las escaleras estén iluminadas y que en las funciones haya estudiantes que sirvan de ujieres para ayudar en el acomodo del público; evitando, a la vez, que se exceda la capacidad del espacio. Además debe haber lugares acondicionados para personas con impedimentos físicos.

3. Modelos de adaptación

Salón de clases

Demostraremos ahora cómo es posible transformar un salón de clase, sin que ello perjudique la experiencia teatral ni altere las actitudes de los estudiantes hacia el teatro. Las posibilidades de adaptación que aquí se mencionan se han experimentado en las escuelas del sistema de Educación Pública. Para el primer modelo, tomaremos el espacio de un salón común de 24'x24'. En el Apéndice 17 se muestra cómo este tipo de salón se puede preparar para ensayar y montar piezas para grupos de 30 estudiantes. En el plano del piso aparece un pequeño *escenario* de 10'x10'. Este escenario incorpora cinco plataformas de 4'x8'. Otra posibilidad para el mismo espacio es que, en vez de adosar el escenario en una esquina, se sitúe en uno de los lados o al fondo del salón. En este modelo usaríamos 6 plataformas para crear un escenario de 12'x16'. De esta forma, se podrá utilizar una de las puertas para la entrada y salida de los actores (Apéndice 18). Estos pueden esperar sus entradas en un salón contiguo. En el modelo se muestra el espacio del escenario y las *áreas de actuación* fuera de las plataformas (para la plataforma, ver Apéndice 19).

Patios interiores de las escuelas

Para las experiencias al aire libre se deben considerar varios factores especiales. El primero es que los estudiantes tienen que hacerse a la idea de representar al aire libre. Hay que tener en cuenta la *acústica* del espacio. Los actores deben estar de espalda al viento y el público de frente. Esta posición contribuye a llevar las ondas de sonido en dirección del público (Apéndice 20).

Se debe preocupar que el público que asiste esté interesado en ver la presentación, y que el resto de la facultad de la escuela contribuya, como un deber, al orden y la *disciplina*. Las bocinas del equipo de sonido deben estar localizadas al lado del espacio escogido para *escenario*, y la persona que lo maneje debe colocarse en la parte de atrás del público; de esta forma el sonidista escuchará los efectos de sonido en la misma intensidad que el público. Se harán lecturas de sonido antes de la presentación para establecer el balance entre el volumen del sonido y la *proyección* de los actores. Esto se hará en los ensayos técnicos en el mismo lugar de la presentación, es decir, en el patio interior. No se debe correr la aventura de montar en un espacio en el cual no se haya ensayado, para no descubrir luego que los estudiantes no proyectan lo suficiente, que el sonido no está balanceado y que no pudieron hacer el ajuste entre los ensayos en el salón y el montaje en el patio.

Hay otras posibilidades para adaptar espacios en forma rectangular. Aquí presentamos dos alternativas. En la primera consideramos un salón de 20'x38' (Apéndice 21), con dos puertas en sentidos opuestos. En este espacio se puede instalar un pequeño escenario, dejando sitio para un público de 45 personas, aproximadamente. En la segunda, el espacio es mucho más grande, de 39'x58' (Apéndice 22), con una capacidad para 150 personas, aproximadamente. En este espacio se han colocado plataformas que servirán de gradas para acomodar al público, por la distancia a que éste se sitúa con relación al escenario. Las plataformas van en aumento de seis pulgadas hasta llegar a dos pies. El escenario está compuesto de 14 plataformas de 4'x8'x12' de alto.

En este tipo de salones se puede mantener como equipo básico un juego de *bastidores*, 4 cubos de 11/2'x2'x2'de alto. Las plataformas se pueden fijar con *alfajías*, pero pensando que, en un momento dado, se puedan acomodar de formas diferentes. Una de las posibilidades es acomodar unas sobre otras para duplicar la altura del escenario. No hay que olvidarse nunca de fijarlas bien para evitar accidentes.

Teatro escolar rodante

Esta es una posibilidad que hemos tenido la suerte de experimentar. Dada una necesidad particular de salón, desarrollamos la idea de un carromato que pudiésemos remolcar con un vehículo común. Se prepararon los diseños, y recibimos el apoyo de la parte administrativa del distrito escolar.

Comenzamos diseñando el *carretón* que luego se construyó, básicamente, del tamaño de un panel 4'x8'x3/4" (Apéndice 23). Tenía montada una "pega", lo cual hacía que fuese posible remolcarlo con cualquier tipo de vehículo que tuviese el aditamento para ello. La *unidad básica* estaba hecha en angulares de 2"x2" y montada en un eje con ruedas de un aro de 15". El carretón constaba de 6 paneles reforzados con *cuartones* que se unían entre sí para formar una unidad. El *escenario* creado tenía 12'x16' y una altura aproximada de dos pies. Un grupo de estudiantes lo montaban en 25 minutos y lo desmontaban en 15 minutos.

El carretón poseía una licencia de remolque de *construcción casera* con todos los requerimientos de ley, como luces de parada, de señales y de estacionamiento, así como guardafango y cadenas de seguridad. Los paneles se acomodaban unos sobre otros y se sujetaban con pedazos de angulares agarrados con tornillos. Este escenario lo acomodábamos en canchas de baloncesto, estacionamientos, plazas públicas y patios interiores en las escuelas. Tomábamos en consideración la dirección del viento y dábamos la oportunidad al público de que se acercara al escenario según fueran sus deseos. Se construyeron tres piezas de *escenografía* formadas por paneles 3/16" que ayudaban, a la vez, a reflejar el sonido.

A continuación, indicamos los materiales básicos para construir el carretón.

1. angulares de 2"x2"
2. cuartones 2"x4"
3. paneles 3/4"
4. pega de remolque
5. tubo de 3" x 8' de largo para unidad básica
6. unidad central agarrada con soldadura (Apéndice 23)
7. licencia y tablilla
8. luces de señales y frenos
9. clavos
10. tornillos
11. pintura
12. escaleras para subir colocadas en los laterales y usadas como guardafango
13. paneles para proteger del viento y reflejar el sonido (3/16")
14. equipo de sonido (12 voltios y 110 voltios)
15. tubos para levantar y nivelar la unidad central

Capítulo XI

Otras posibilidades de montaje

1. Teatro de títeres

En la enseñanza del arte de la titerería se debe comenzar por mostrar que los títeres son mucho más que simples juguetes y que los que aparecen por televisión no representan las únicas posibilidades de presentación. Existe una infinidad de estilos de títeres, que surgen de la combinación de tres tipos básicos: *títere de vara, de guante y de boca* (Apéndice 24). Hay que partir, primero, de una definición básica, según la cual, el títere es cualquier objeto que, mediante el movimiento que le da el titiritero, causa la ilusión de tener vida. Así que, según la definición, un lápiz, un libro, una cuchara, una escoba y cualquier otro objeto pueden convertirse en títeres.

Antes de comenzar a trabajar directamente en la construcción de los títeres, se les debe dar a los estudiantes una idea básica de la diferentes expresiones que puede adoptar la cara. En el Apéndice 25 se presentan, como referencia o modelos, las diferentes combinaciones que pueden realizarse con la boca y las cejas.

En el Apéndice 26 se muestra un modelo a escala de un *"castillo* de teatro de títeres". Este modelo es para ser construido en panel de 3/16". Las características de este modelo deben ser el poco peso, la comodidad en su transportación y su economía. El modelo que se presenta tiene un hueco, en el panel central, que se cubre con tela metálica y con tela obscura y que sirve para que salga la voz del titiritero, además de permitirle a éste ver al público. Al construirlo, debe ajustarse su altura al promedio de la altura de los niños que habrán de utilizarlo.

El trabajo del artista le debe llevar a ver más allá de lo que ve el ser humano común y corriente. Por ejemplo, lo que para el común de la gente es una bota vieja que sólo sirve para ser arrojada al zafacón, puede ser fuente de inspiración para un artista. La inspiración, por lo tanto, puede contribuir a crear, incluso, los materiales que hacen falta para el trabajo. Para comprender mejor el significado de la definición que hemos aportado, se debe hacer trabajo de taller en el que la *teoría* se complemente con la práctica.

Títeres de material desechable

La siguiente práctica dará oportunidad para experimentar con títeres de material *desechable*. Pídaseles a los estudiantes que consigan materiales diversos que hayan sido desechados. Haga una lista de *posibles materiales* con los cuales puedan contribuir al fondo común. Cuando se dice fondo común, quiere indicarse que, en el momento de la construcción, se pueden compartir los materiales; por lo tanto, todos deben traer varios, que pueden variar en colores, formas y tamaños:

Posibles materiales:

- envases plásticos de detergente
- envases de comida
- pedazos de tela
- tapas plásticas
- vasos plásticos
- platos sanitarios
- bolas viejas
- bolsas de papel
- cajas pequeñas de cartón
- medias viejas
- botones
- cualquier otro objeto con posibilidades

Herramientas que el maestro debe proporcionar:

- tijeras
- grapadora
- martillo
- agujas
- segueta
- picoletara

Materiales que el mastro debe proporcionar:

- hilos
- *masking tape*
- *tape* transparente
- *elmer glue*
- cemento de contaco
- clavos pequeños
- *magic markers*
- papel de periódicos
- hilo de lana
- soga fina

Se debe procurar que los materiales básicos estén reunidos a la hora de comenzar el taller, para no tener que interrumpir o dejar incompleto el trabajo por la falta de lo necesario. El día del taller pídaseles a los estudiantes que lleven todos los materiales al centro del salón y los coloquen en el piso. Los estudiantes se acomodarán en círculo sentados en el piso, y observarán detalladamente los materiales, teniendo presente que con pocos elementos se puede hacer un títere sencillo, pero con muchas posibilidades de expresión. Así que se ha de comenzar explorando las posibilidades de los diferentes materiales. Hágase al principio la observación de que, por ser materiales que están en un fondo común, pueden ser utilizados por cualquier estudiante.

Sólo después de haber observado bien los materiales se puede comenzar a construir. Todo en esta experiencia es válido.

En muchas ocasiones, hay quien se propone hacer una cosa y le sale otra completamente distinta, pero más interesante que la que se propuso al inicio. No se debe intentar construir títeres como los de la televisión. Posiblemente salgan títeres que los estudiantes, dada su imaginación, indiquen que parecen seres de otro planeta. Aprovéchese la oportunidad para que bosquejen un libreto, pensando en el nombre del planeta y en cómo se comunican esos seres. Debe, en fin, señalarse que no sólo es importante el títere, sino el uso que de él haga el titiritero.

Títeres de sombra

Los títeres de sombra se desarrollaron en China y en la Isla de Java hace muchísimo tiempo. Otro nombre para conocerlos es "Títeres de sombras chinescas". Estos títeres se usaban con finalidades pedagógico-religiosas. En la actualidad, existen grupos que utilizan esta técnica como único vehículo de expresión, y otros grupos que la usan en medios mixtos.

El uso de los títeres de sombra en la enseñanza del teatro es un recurso que no se ha explorado con mucha frecuencia en las escuelas, a pesar de que las posibilidades de aprendizaje con esta técnica son ilimitadas. No es necesario tener equipo costoso para poder usarla en la escuela. Los materiales necesarios son: una pantalla construida en *alfajías* de 1"x3", cuyo tamaño podría ser de 3'x4' (Apéndice 27). La tela usada para la pantalla no es en ningún sentido especial, sólo requiere que sea translúcida, y preferiblemente blanca. El otro equipo necesario es una lámpara común con una bombilla de 15 a 25 watts.

Los títeres se construyen con cartón y sus partes movibles se sostienen con varillas de sombrillas o con alambre dulce. Los efectos de colores se pueden conseguir con bombillas de colores diferentes, y, si se trata solamente de secciones a las que se les quiere cambiar el color, se utilizan los plásticos de colores de las cubiertas usadas para entregar los informes. Pongamos un ejemplo: un estudiante puede dibujar la *silueta* de un sapo en cartón del que se usa en las cajas de zapatos. Luego recorta las partes que se van a mover, como las patas. Estas las une con *paper fastener* en las coyunturas.

Se comprueba que tengan flexibilidad, y las sostiene con alambre o con varillas de sombrillas. Si se desea crear pasto, árboles, nubes, se usan los plásticos de colores recortados en esa forma.

Cuando se tengan los títeres, se procede a hacer las pruebas. La lámpara hay que acomodarla bastante alta para que no proyecte la sombra del titiritero. Deben construirse los títeres necesarios, ensayando con las formas y creando las siluetas. No es necesario ser un especialista en artes plásticas para manejar esta técnica.

2. Máscaras

La máscara es un recurso del teatro que se ha estado utilizando desde la época prehistórica. En la actualidad, se utiliza en los rituales aborígenes de diferentes tribus. Hay compañías de teatro que se especializan y se distinguen por el uso de las máscaras. Estas tienen la peculiaridad de hacer que la expresión salga del cuerpo en lugar de la cara. Los movimientos tienen que estilizarse, sintetizarse y, en cierta medida, exagerarse. Existen dos tipos básicos de máscaras: las neutras y las de expresión. Las máscaras de expresión son las que representan un animal, un ser no conocido, un robot, un anciano, y, además, reflejan un estado de ánimo, como tristeza, alegría, etc; mientras que las máscaras neutras no manifiestan ninguna emoción.

Las máscaras se han utilizado como recurso educativo por mucho tiempo. Este recurso tiene muchas más posibilidades que las de la festividad del día de las brujas. Se pueden usar para motivar a los estudiantes a comprender la historia, para enseñar *conceptos* de las ciencias sociales, conceptos de la aritmética y otros (ver Capítulo II "El recurso teatral en la escuela", pp. 5 a 10). Las limitaciones y las posibilidades las establecemos nosotros.

En esta sección se presentarán algunas ideas para construir máscaras, adelantando que se puede seleccionar material de desecho para adaptarlo al tipo de máscara que necesitemos (ver lista en sección "Teatro de títeres," p. 99).

Máscaras de papel maché

Un tipo de máscara es la preparada con la técnica de *papel maché,* y es algo que puede hacerse en el salón de clase. Se necesitan los siguientes materiales y herramientas básicas: papel de aluminio, papel de periódico, agua, tijeras, pega (*elmer glue*), envase mediano y pintura a la témpera.

El procedimiento es como sigue: con varias capas del papel de aluminio se prepara un molde de la cara del estudiante que va a utilizar la máscara. Se debe hacer así por las diferencias en el tamaño de los rostros de los estudiantes. Para moldear la máscara se va haciendo presión al papel de aluminio sobre los relieves de la cara. Si las máscaras son para niños de escuela elemental se recomienda la construcción de *medias máscaras* en vez de máscaras completas. Las medias máscaras dan la posibilidad al niño de ser oído y entendido cuando habla.

Una vez terminado el molde, se prepara una mezcla de agua con pega, hasta alcanzar el punto medio para que pueda ser aplicada con un pincel. Se pisan pedazos de papel de periódico, los cuales se untarán con la mezcla de pega y agua. Estos pedazos de papel se irán pegando sobre el molde hasta que se cubra por completo, creando una capa del papel periódico con pega. Se deja secar por un día, y luego se añade otra capa, hasta lograr el grueso que deseemos.

Si durante este proceso deseamos hacerles facciones destacadas a las máscaras, se pueden añadir, entre la primera y segunda capa, pedazos de cordón o de soga fina adaptados para cumplir esos propósitos.

Una vez finalizado el proceso de pegar el papel, y cuando la máscara esté completamente seca, se procede a pintarla. La pintura puede ser témpera, acuarela o de aceite. El problema con la última es la conservación y limpieza; además, se debe ser sumamente cuidadoso en la aplicación.

Máscaras en yeso (Plaster of Paris Bandages)

Las máscaras construidas con esta clase de yeso son otra posibilidad en las escuelas. Este es el yeso que se utiliza para corregir las fracturas. Se puede conseguir en los "Hospital Supplies", y el precio es razonable. La venta se hace en cajitas que contienen un rollo de 15 pies aproximadamente. Los materiales que se necesitan son los siguientes: vendajes de yeso, vaselina y dos sorbetes.

Para la construcción de este tipo de máscara es necesario que un estudiante la prepare mientras el otro sirve de molde. Asegúrese que el estudiante que sirve de molde no sea alérgico al material. El procedimiento es el siguiente: El estudiante que servirá de molde estará acostado en un lugar cómodo. Se le pasará vaselina por la cara para que no se le pegue el yeso. Se colocarán los sorbetes en los huecos de la nariz para que no tenga dificultad al respirar. Se echa el vendaje en un envase con agua; luego que este absorba el agua, se procede a aplicarlo en la cara del estudiante. Después se va cortando y completando primero una capa, y cuando se aplique la capa final, se pasa la mano húmeda para crear una contextura uniforme. El estudiante que está sirviendo de molde sentirá un poco de calor cuando el yeso comience a secar, pero debe advertir que esto dura poco y que no hace daño a la cara. Una vez que la máscara esté completamente seca, puede añadir detalles que le den características particulares. Por ejemplo: nariz alargada, arrugas, pómulos sobresalientes, etc.

3. Teatro negro

Otro ejercicio teatral que puede aprovecharse en la enseñanza es la presentación de las formas geométricas utilizando técnicas como la de la luz negra (*black light*) o teatro negro. Explicaremos la idea general de esta técnica y cómo podría ser utilizada en un salón de clase.

La *luz negra* se conoce además como luz ultravioleta, la cual tuvo su apogeo durante la década de los sesenta, cuando se quería crear los efectos psicodélicos. El equipo que produce este tipo de luz es parecido al de una lámpara de neón. Se puede conseguir en ferreterías especializadas, y tienen un costo de $50.00 aproximadamente ($25.00 el tubo ultravioleta y $25.00 el transformador). Una de estas lámparas es suficiente para un salón de proporciones comunes. Con esta técnica se notará que las personas que manejan los objetos no son visibles al público, a no ser que el tipo de ropa que utilicen refleje la luz ultravioleta.

El mejor efecto se crea en la obscuridad absoluta. Se debe experimentar con telas de diferentes tipos de materiales para conseguir el efecto que más nos conviene. Seleccionado el material, se diseña lo que nos proponemos enseñar. Una de las propuestas puede consistir en crear las figuras geométricas y hacerlas aparecer cambiando de una forma a otra. Se puede experimentar con círculos, triángulos, rectángulos, cuadrados y otras figuras. La combinación de diferentes triángulos nos puede dar efectos interesantes para los estudiantes, los cuales, además, entenderán que estas formas, al combinarse, producen muchas otras.

La utilización de esta técnica puede ayudar a entender la transformación de una figura plana a una figura tridimensional; por ejemplo, de un triángulo a una pirámide, así como la combinación de cuadrados y triángulos. De la misma manera, la combinación de diferentes triángulos nos puede mostrar la construcción de una estrella de cinco picos como la que aparece en nuestra bandera.

Reflexión final

Ha sido nuestro propósito, al escribir este libro, plasmar las ideas que se han ido desarrollando a través de nuestra práctica docente, con la intención, además, de relacionar al maestro de teatro con el compromiso que aceptamos al dedicarnos a este arte. Compromiso cuyas diferentes direcciones convergen siempre en el estudiante.

Nos aventuramos por el mundo del arte, de la educación, de la sociología, de la sicología y de la comunicación. Las experiencias que transmitimos al estudiante durante el desarrollo de los cursos de teatro deben ir más allá del mero aprecio o de la simple recreación. Deben servir al compromiso de superación individual y de ayuda para comprender al ser humano que somos cada uno de nosotros.

El objetivo de entender el arte escénico en las dimensiones de técnica teatral y actuación persigue promover la industria que puede ser el teatro y que en nuestro país no está totalmente desarrollada. El estudiante debe reconocer la importancia y el respeto que se merecen las personas que se dedican a trabajar por el teatro y que, consecuentemente, pueden apoyar esa industria en desarrollo desde diferentes puntos de vista.

Con este *Manual* queremos, finalmente, despertar la inquietud en cualquier lector y desarrollar su sentido de compromiso con la educación. Este compromiso implica la búsqueda de posibilidades de colaboración, como difundir el teatro por medio de libros y de revistas, asistir a talleres, tomar cursos y compartir con los maestros de teatro, entre otras posibilidades. Este trabajo debe terminar, como ha comenzado: con la reflexión sobre las experiencias que se han tenido en la enseñanza de teatro, las cuales se convierten en aprendizaje para el maestro. Esta reflexión fue la semilla que, al germinar y crecer, se convirtió en este *Manual de teatro escolar* que con tanta ilusión pedagógica nos decidimos a escribir.

Apéndices

Movimientos básicos

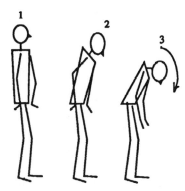

Ejemplo de inclinaciones

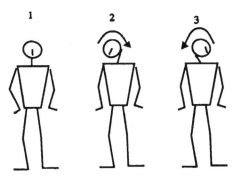

Ejemplo de rotaciones

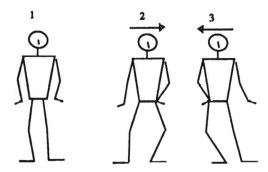

Ejemplo de traslaciones

Apéndice 2

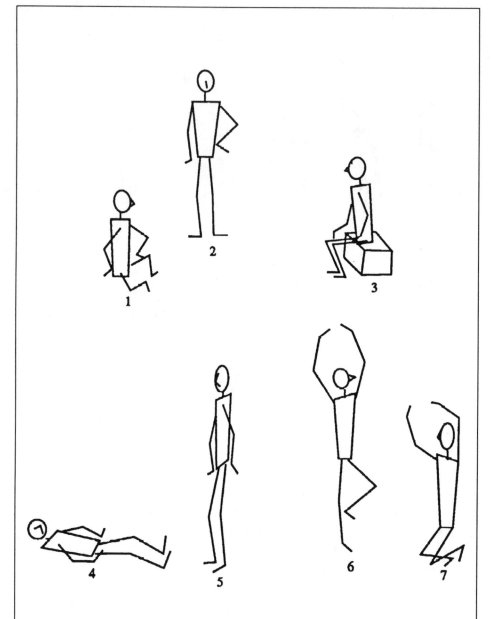

Se presentan los diferentes niveles que se pueden explorar, vistos desde el público. Estos incluyen: 1) sentado en el piso, 2) posición neutro, 3) sentado en un cubo, 4) acostado, 5) de perfil, 6) cuerpo estirado, 7) de rodillas.

Posiciones básicas

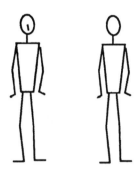

de frente y de espaldas

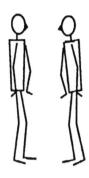

Perfil a izquierda y
perfil a derecha

1/4 a izquierda y
1/4 a derecha

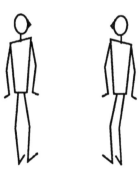

3/4 a izquierda y
3/4 a derecha

Los términos izquierda y derecha se toman desde el punto de vista
del actor en el escenario de frente al público.

Apéndice 4

Evaluación de actuación

Fecha: _____

Nombre	Memorización	Voz	Cuerpo	Interpretación	Desplazamiento	Comentarios

Clave: 4 - excelente; 3 -bueno; 2 - regular; 1 - deficiente; 0 - no consideró.

ABREVIATURAS

/	– pausa	*se levanta*	– silla
//	– pausa mediana	*se sienta*	– sofá
///	– pausa larga	*se acuesta*	– mesa
f	– con voz fuerte	*se arrodilla*	– banqueta
fff	– con voz muy fuerte	– dirección en que mira el actor	

POSICIONES ESTÁTICAS

Descubierta - *DE*

Cubierta - *CU*

1/4 a derecha - *1/4D*

1/4 a izquierda - *1/4I*

Perfil derecha *PD·*

Perfil izquierda *PI*

3/4 a derecha - *3/4D*

3/4 a izquierda - *3/4I*

POSTURAS DE ACTOR:

ÁREAS DE ACTUACIÓN

E - extremo, F - fondo, C - centro, I- izquierda, D- derecha.

FC

FD | FI

C C

CD | CI

EC

ED | EI

PÚBLICO

Apéndice 6

Relación de ensayos

En la diestra de Dios Padre, de Enrique Buenaventura.
Primer Semestre 1986-87 - Escuela Secundaria UPR - Dirección: W. Padín

Lunes	Martes	Miércoles	Jueves	Viernes	Sábado	Domingo
29 pp. 1-2	30	1 pp. 3-4 **OCTUBRE**	2	3 pp. 5-6	4	5
6 pp. 7-8	7	8 pp. 9-10	9	10 EXAMEN pp. 11-18	11	12
13 Descubri- miento de América	14	15 pp. 11-12	16	17 pp. 13-14	18	19
20 pp. 15-16	21	22 pp. 17-18	23	24 EXAMEN pp. 11-18	25	26
27 pp. 19-20	28	29 pp. 21-22	30	31 pp. 23-24	1 **NOVIEMBRE**	2
3 ENSAYO OBRA COMPLE- TA	4	5 ENSAYO OBRA COMPLE- TA	6	7 ENSAYO OBRA COMPLE- TA	8 TRABAJO Y ENSAYO TÉCNICO 9:00 a.m. - 1:30 p.m.	9
10 ENSAYO TÉCNICO	Día del 11 Veterano ENSAYO GENERAL 5:30-9:30 p.m.	12 FUNCIÓN 7:30 p.m.	13 FUNCIÓN 7:30 p.m.	14 FUNCIÓN 7:30 p.m.	15 FUNCIÓN 7:30 p.m. DESMONTAJE	16

Hoja de trabajo

Nombre: _____ # de estudiante: _____

Fecha	Horario	Descripción del trabajo	Iniciales

Composición escénica

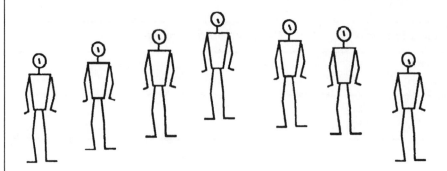

No es recomendable el acomodo del elenco en semicírculo, equisdistantes y de frente al público.

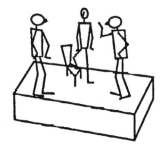

Se hace más atractivo el acomodo de los actores variando las posiciones, usando la profundidad del espacio y los niveles.

Bastidor regular

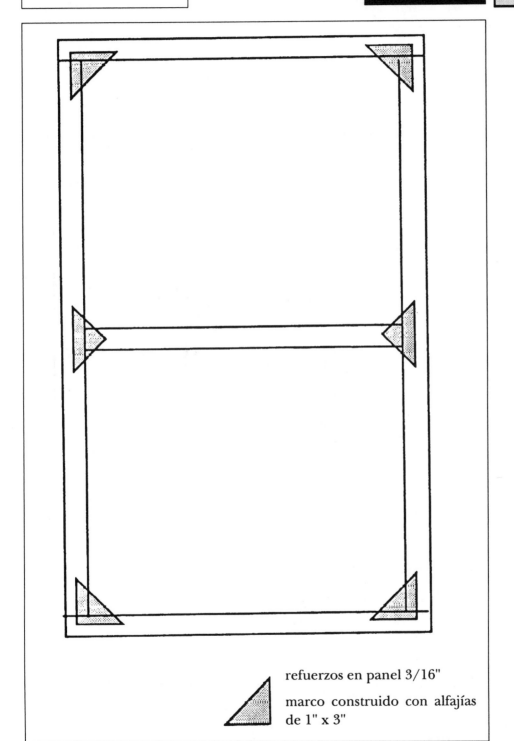

refuerzos en panel 3/16"

marco construido con alfajías de 1" x 3"

(Vistos desde la parte trasera)

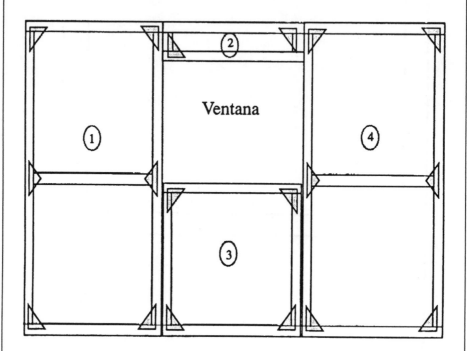

1 y 4 bastidores regulares

2 y 3 tapones

Si se elimina el número 3 se dispone de espacio para una puerta.

Diseño de maquillaje
Plantilla

Producción _____

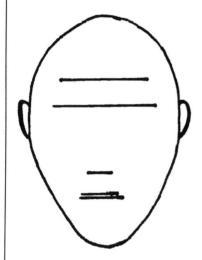

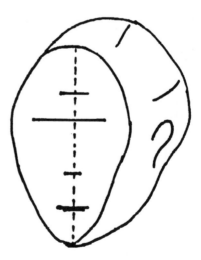

Personaje _____

Fecha de producción _____

Producción: _____

Fecha: _____

Iluminación _____

Cue	Dimmer	Efecto	Area

Plantilla de vestuario

MUJER POSICIÓN 1/4

Producción _____

Personaje _____

Plantilla de vestuario

HOMBRE POSICIÓN 1/4

Producción _____

Personaje _____

Lista de utilería

Producción _____

Página # _____

Cantidad	Descripción		Uso	Comentarios

Fecha de producción _____

Utilero _____

Apéndice 16

Lista de efectos de sonidos

Producción _____

"Q" núm	Pág.	Descripción	Tipo	Comentarios

Fecha de producción _____

Sonidista _____

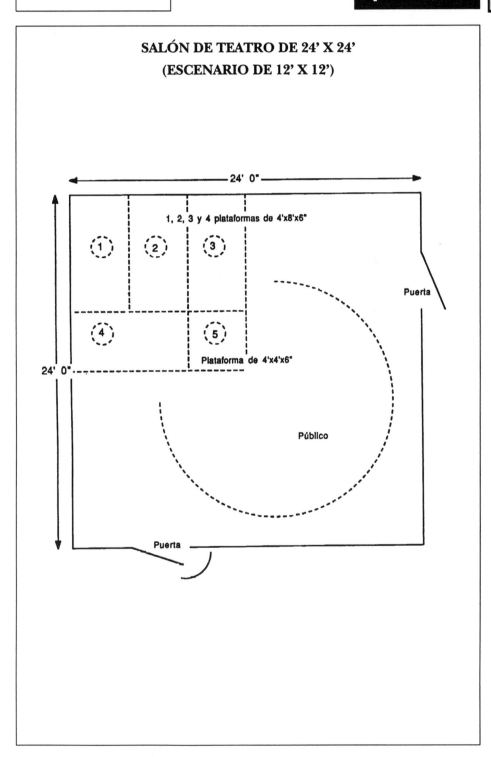

SALÓN DE TEATRO DE 24' X 24'
(ESCENARIO DE 12' X 12')

Salón de Teatro

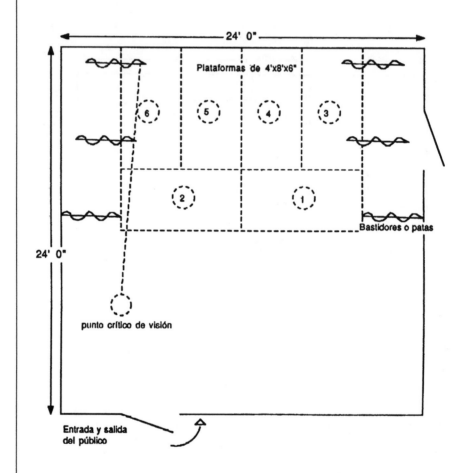

SALÓN DE TEATRO DE 24' X 24'
(ESCENARIO DE 12' X 16')

Acomoda 30 estudiantes

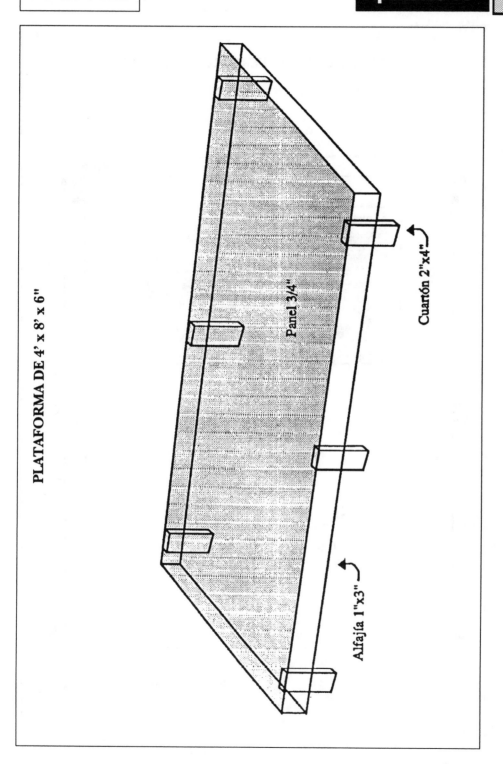

PLATAFORMA DE 4' x 8' x 6"

Panel 3/4"

Cuartón 2"x4"

Alfajía 1"x3"

Teatro de patio interior

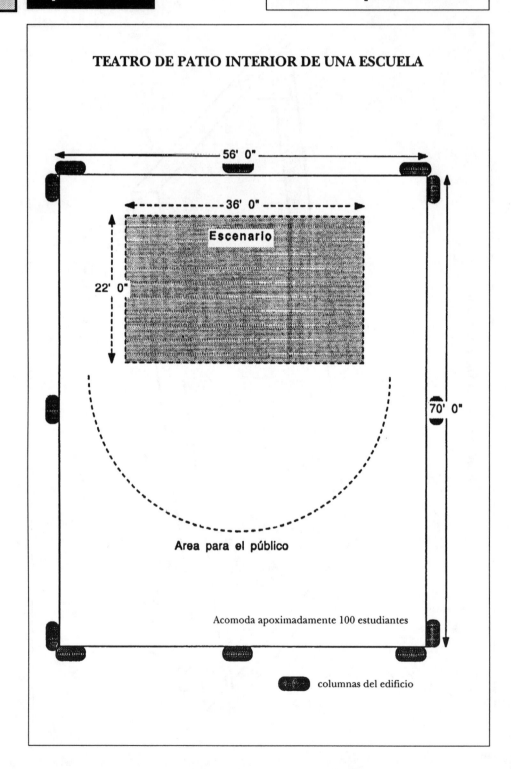

TEATRO DE PATIO INTERIOR DE UNA ESCUELA

56' 0"

36' 0"

Escenario

22' 0"

70' 0"

Area para el público

Acomoda apoximadamente 100 estudiantes

columnas del edificio

Salón de teatro

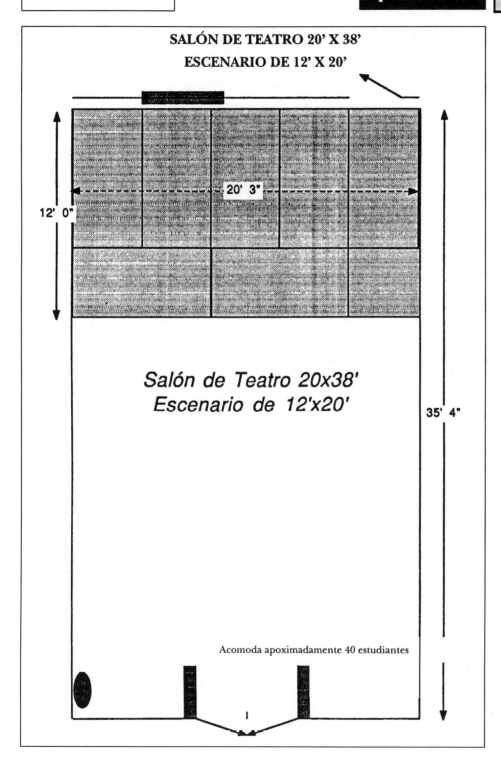

SALÓN DE TEATRO 20' X 38'
ESCENARIO DE 12' X 20'

20' 3"

12' 0"

Salón de Teatro 20x38'
Escenario de 12'x20'

35' 4"

Acomoda apoximadamente 40 estudiantes

Teatro escolar experimental

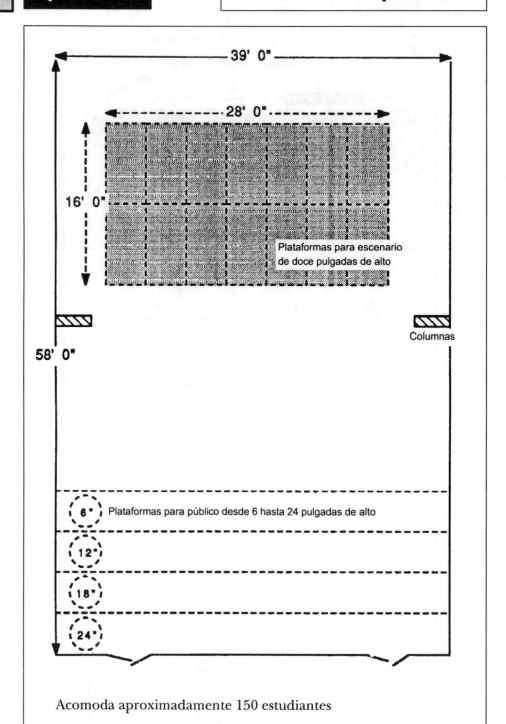

39' 0"

28' 0"

16' 0"

Plataformas para escenario
de doce pulgadas de alto

Columnas

58' 0"

6" Plataformas para público desde 6 hasta 24 pulgadas de alto

12"

18"

24"

Acomoda aproximadamente 150 estudiantes

Teatro escolar rodante

CARROMATO

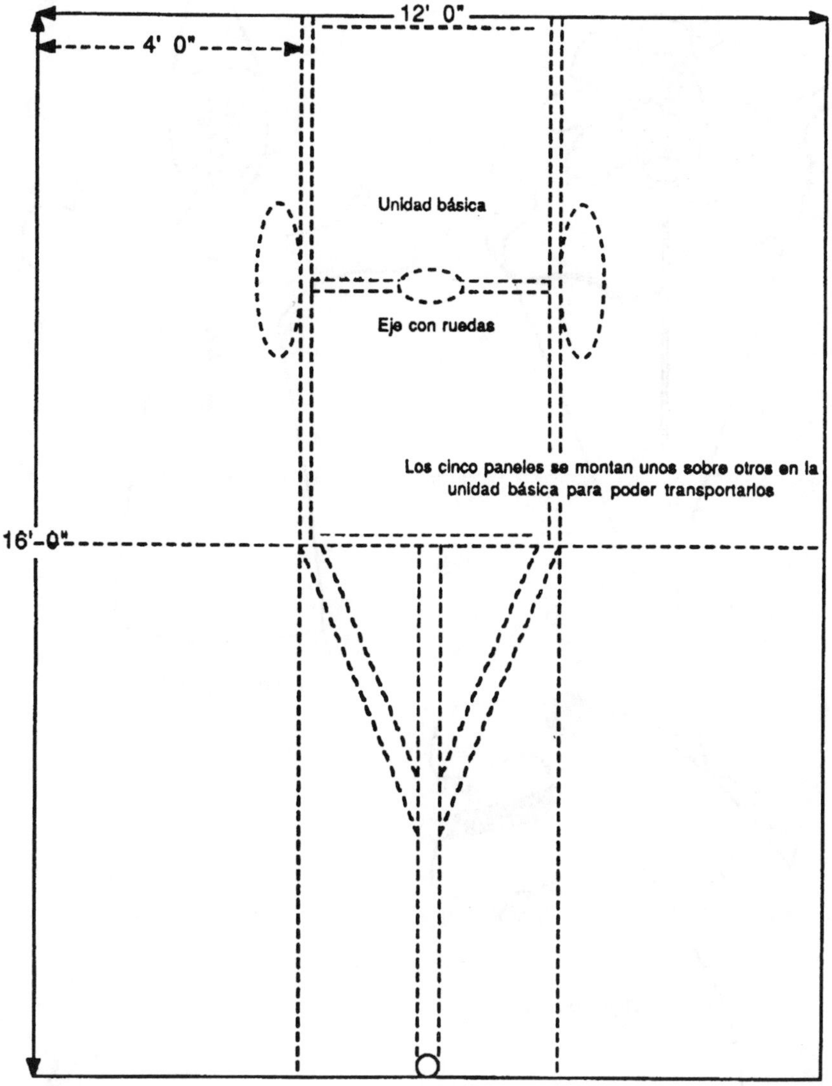

12' 0"

4' 0"

Unidad básica

Eje con ruedas

Los cinco paneles se montan unos sobre otros en la
unidad básica para poder transportarlos

16'-0"

Apéndice 24

Tipos básicos de títeres

Títere de vara

Títeres de guante

Títere de boca

Alegre

Coraje

Tímido

Triste

Picardía

Maldad

TEATRO DE TÍTERES

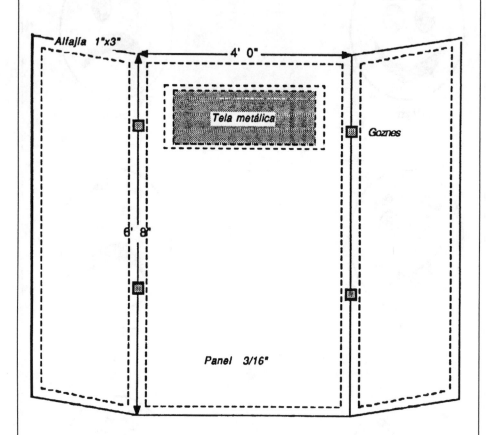

Títeres de sombra

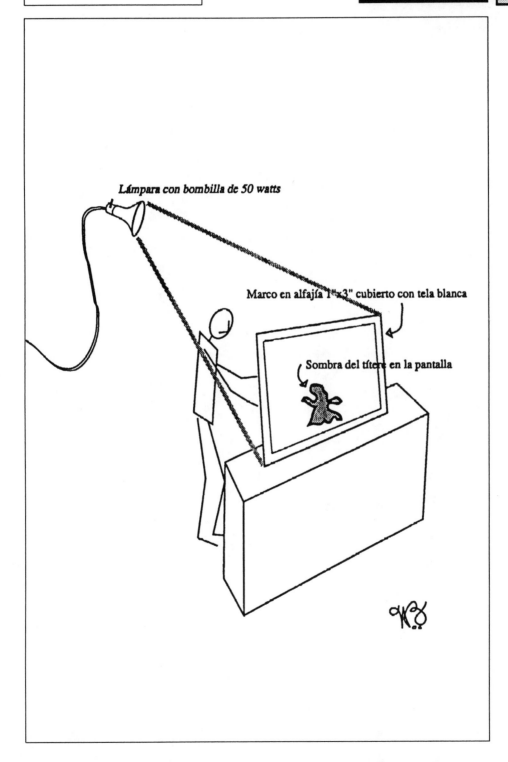

Lámpara con bombilla de 50 watts

Marco en alfajía 1"x3" cubierto con tela blanca

Sombra del títere en la pantalla

Glosario

Este glosario tiene la intención de guiar al lector del **Manual de Teatro escolar**. No pretende ser una guía cabal ya que contiene elementos de tres grandes disciplinas, como la educación, la psicología y el teatro, que no podríamos abarcar. Más información se puede conseguir en los libros de texto de estas disciplinas o en diccionarios especializados. Las definiciones están concebidas en referencia directa a la utilización que de los términos se hacen en el texto.

Se incluye parte del vocabulario que debe conocer el estudiante de teatro. Este recuento no tiene el propósito de examinar al estudiante, sino de relacionarlo con la terminología teatral para una mejor comunicación entre el arte, el maestro y el aprendiz. Conforme se vaya profundizando en la experiencia teatral, surgirán más palabras técnicas del arte escénico.

abajo - La parte de las áreas de actuación en el escenario más cercanas al público. Cuando se le quiere indicar a un actor que se dirija a esta parte se le pide que baje.

actuación de personaje (*Role Playing*) - Usado en terapia psicológica y en teatro educativo. El niño interpreta un personaje asignado por el terapista o el maestro.

acústica - Calidad con que se refleja el sonido en un espacio.

adaptación - Ajuste que se le hace a una obra de teatro, que bien podría ser en la parte de actuación como en la parte técnica. Se puede cambiar la época, lugar, ambiente, los personajes o el estilo.

aforar - Esconder todo elemento técnico o espacio del escenario que no sea necesario que el público vea. Para esto se pueden usar *bastidores* o telas.

aislar - Mover en forma separada cada parte del cuerpo.

alfajías (alfarjía) - Madera fina usada para los marcos de puertas y, en nuestro caso, para el marco del bastidor.

aparte - Comentarios hacia el público que hace el actor y que están en el libreto; los cuales escucha y oye todo el público, mientras que los compañeros actores que están en escena en ese momento hacen como que no los oyeran.

apuntador - La persona que, escondida tras bastidores, dice las líneas en susurros a los actores en caso de que a estos les falle la memoria.

arriba - La parte de las áreas de actuación en el escenario más distantes del público.

áreas de actuación - Espacio del escenario usado para actuar, el que está a la vista del público.

artes del lenguaje - Conjunto de reglas que orientan la expresión oral y escrita de un idioma.

articulación - Utilización de los órganos resonadores, como la faringe y la boca; y los órganos articuladores como la lengua, los labios, los dientes y los maxilares.

bache - Vacío que se crea cuando un actor olvida sus parlamentos o el orden de intervención. El público nota el bache al no haber acción.

bambalina - Cortinas de tela negra en forma horizontal que están colocadas en la parte superior del escenario y que sirven para *aforar*.

bastidor - Unidad básica de la escenografía; se construye, por lo regular, con un marco de alfajía forrado con tela.

blanquín - Tela fuerte de algodón utilizada para construir bastidores.

bloquear - *Block*, fijar los movimientos que se hacen durante los ensayos.

bloqueos - Ver bloquear.

carrera teatral - Continuar estudios y trabajar en áreas relacionadas con la parte técnica o de actuación en el teatro: pantomima, teatro de títeres, maquillaje, vestuario, iluminación, escenografía, sonido, utilería y otras.

carretón - Lugar independiente para el montaje de teatro rodante.

castillo - Espacio donde se presenta una pieza de teatro de títeres.

cognoscitivo - Lo que tiene que ver con el conocimiento y la forma de adquirirlo.

comedia - Pieza dramática cuyos conflictos tienden a producir risas en el público.

composición escénica - Organización del espacio escénico que se crea combinando los elementos que están presentes en el escenario. Se incluye a los actores y el decorado.

comunicado de prensa - Escrito breve para la prensa escrita, radial y televisiva que contiene información general de la obra que se va a presentar, indicando: compañía, título de la obra, autor, fecha, hora, lugar y precio de entrada. Si la obra es de entrada libre tiene muchas posibilidades de publicación.

concentrarse - Fijar la atención particularmente en lo que se está haciendo.

conceptos - Información organizada, reglas que determinan qué se incluye y qué se excluye dentro de unos límites definidos.

conflictos - Problemas que se presentan al ser humano en la vida diaria y que pueden surgir de su lucha contra la naturaleza, o de su relación con lo sobrenatural, la máquina, la sociedad, un individuo, o consigo mismo, y otros.

congelarse - Ausencia total de movimiento en el cuerpo.

construcción casera - Artefactos técnicos, que pueden ser de sonido, iluminación y utilería, que no se consiguen comercialmente.

correr la risa - En la comedia: indica la oportunidad que dan los actores para que el público se ría de lo dicho o sucedido en escena.

creatividad dramática - Actividad que va más allá del juego dramático en su intento y en su alcance. Muchas veces es improvisada. El diálogo es creado por los actores. Su contenido es tomado de historias conocidas o de una trama original. Las líneas no se escriben ni se memorizan. No se hace para representarse en público. Ocasionalmente se utiliza algo de utilería y algunas piezas de vestuario para estimular la imaginación.

credibilidad - Cualidad que hace que el hecho presentado se parezca a la realidad.

cuartones - Madera fuerte con más de 2 pulgadas de grueso por cuatro pulgadas de ancho.

currículo - Todo lo que se proponen enseñar en una escuela.

desechable - Materiales que han tenido un uso principal o que son sobrantes.

dicción - Forma de hablar.

dimmers **(reostatos)** - Instrumento técnico que sirve para controlar la intensidad de la luz en el escenario.

dirección escénica - Planificación y supervisión en el montaje de una obra de teatro, incluye la ejecución de la interpretación de los personajes y la coordinación en la creación de una unidad en el trabajo técnico.

director - Persona responsable de la puesta en escena de una obra de teatro.

disciplina - Reglas para un grupo con la idea de conseguir orden y facilitar el trabajo.

discrimen - Trato en forma desigual.

doblaje - Un actor hace la voz fuera del área de actuación, mientras que otro actúa frente al público.

drama - Obra teatral que presenta al ser humano luchando contra una o varias de las formas de conflicto humano (contra la naturaleza, la sociedad, lo sobrenatural, etc.), lucha en la cual puede ser vencedor o vencido, al igual que puede o no desarrollarse en forma seria (tragedia, tragicomedia o comedia). La trama se expone, se amplía y se concluye.

ejercicios - Pruebas que se realizan para mejorar la actuación, desarrollar el sentido de grupo, agilizar los movimientos del cuerpo, amplificar la capacidad de la voz, agilizar las reacciones, y con otras intenciones. Puede realizarse con más de una intención a la vez.

elenco - Lista completa de los integrantes del grupo que monta la obra, incluye actores y técnicos.

elenco doble - Se refiere a la utilización de dos actores para la interpretación de un personaje.

elipsis - En teatro, expresión de un tiempo diferente al tiempo real, porque los sucesos de corta duración pueden ocurrir en mayor tiempo, y viceversa.

emociones - Expresiones del ánimo.

enfocar - Dirigir la atención del público hacia un lugar determinado. En iluminación teatral, se refiere a dirigir la luz hacia lugares determinados.

ensayo - Repetición de la obra con intención de corregir y fijar la actuación.

enseñanza-aprendizaje - Proceso educativo que tiene que ver con el recibir y ofrecer los conocimientos.

entonación - Graduar el sonido de las diferentes palabras con la intensidad y el volumen de la voz. La graduación puede ser ascendente, que sugiere interrogación, indecisión, duda; o descendente, que sugiere determinación, seguridad y certeza.

equidistante - Distancia igual de varios elementos con relación a otro u otros; puede ser entre actores o con relación al decorado.

escenario - Espacio donde se lleva a cabo la representación teatral, que incluye, además, el espacio que está tras la escenografía.

escénico - Relativo a la escena.

escenografía - Lo que representa en el escenario el lugar donde se desarrolla la obra.

espacio escénico - Espacio del escenario usado exclusivamente para la actuación.

espontaneidad - Hecho al momento, sin planificación.

estudiantes-maestros - Estudiantes universitarios en el último año de preparación académica que realizan las experiencias de la práctica docente en una escuela secundaria o elemental.

experimentar - Probar en la práctica algo, y, en teatro, experimentar con la innovación tanto en la parte técnica como en la actuación.

explorar - Búsqueda de alternativas.

expresión corporal - Uso del cuerpo para expresar emociones, estados de ánimo, situaciones, etc.

farsa - Obra teatral, generalmente de un acto, que presenta situaciones cómicas, las cuales es poco probable que ocurran en la realidad.

fluidez - Secuencia sin interrupción desde el comienzo al final de la presentación.

gesticulaciones - Expresiones realizadas especialmente con las extremidades del cuerpo.

gestos - Expresiones hechas especialmente con la cara.

grupo - La totalidad de los integrantes del taller o del salón de clases.

hipótesis - Propuestas que se hacen antes de comenzar a experimentar con el propósito de hallarles soluciones.

hodgepodge - Mezcolanza, término usado en psicodrama para describir una representación sin estilo determinado donde se unen varias formas.

iluminación - Artificios usados para crear el ambiente en el cual se desarrolla la obra; el ambiente puede ser real o imaginario.

improvisación - Crear y realizar a la vez, usando esquemas que pueden ser escritos, acordados en grupo o que están en la mente del actor.

inclinaciones - Mover las partes del cuerpo, en forma controlada, a favor o en contra de la fuerza de gravedad.

innovación - Hacer algo nuevo, no visto anteriormente o no experimentado por el grupo.

intención - Lo que se quiere hacer en el momento de actuar, incluye sentimientos y estados de ánimo.

izquierda y derecha - Los lados del escenario tomando como referencia un actor en el centro del escenario de frente al público.

juegos dramáticos - Son juegos en los cuales los niños exploran el universo e imitan la acción y las características de los que los rodean. Existe sólo momentáneamente y en forma fragmentada. No tiene principio, desarrollo o final en el sentido dramático.

laboratorio - Espacio controlado para efectuar experimentos en innovaciones, debe seleccionarse el material con que mejor puede funcionar un grupo de características definidas.

lectura teatralizada - Utilización de piezas literarias para presentarlas en forma leída frente al público, pueden ser ensayos, poesías, cuentos y otros géneros.

lenguaje corporal - Utilización del cuerpo para comunicar el mensaje o idea que quiere presentar el actor. Quien se especializa en esta forma de arte se conoce como "mimo".

lenguaje - Es esencialmente el uso de signos para comunicar las ideas; se ve manifestado en tres formas: el hablado, el escrito y el mímico.

literario - Lo relativo a la literatura, una de las bellas artes que emplea la palabra como instrumento.

luz negra (*black light*) - Luz que hace visibles solamente algunos materiales, principalmente sintéticos.

luz ultravioleta - ver luz negra

maestro de teatro - Persona que posee estudios tanto en teatro como en educación, o que se ha desempeñado por mucho tiempo en forma eficiente en la enseñanza del teatro.

manipulación - Manejo de objetos que no existen en la realidad.

mariposas - Anuncios impresos de la obra. Usualmente se hacen en tamaño de 5½ x 8½ pulgadas.

matices - Dar sentido a lo que se dice poniendo énfasis en lo que tiene más interés. Acentuar lo más importante del parlamento.

memoria emotiva - Uso del recuerdo de las experiencias agradables o desagradables del actor como motivación en la actuación.

memorización - Guardar los parlamentos y los movimientos en la memoria del actor, ya sea por repetición, por relación con el espacio escénico, o con ayuda de artefactos, como grabadoras, y por otros medios.

metacognición - proceso de pensar sobre la forma en que uno pensó.

método científico - Forma establecida para el estudio científico, consiste en selección del problema, presentación de la hipótesis, estudio y análisis de las conclusiones.

mímica - Expresar con el cuerpo por medio de gestos y gesticulaciones.

mimo - Actor que se expresa exclusivamente con el uso de su cuerpo.

modulación - Cambios en el tono de la voz, pueden ser graves, agudos o intermedios.

monólogo - Presentación teatral donde un solo actor se comunica en escena en una o varias de las siguientes posibilidades: directamente con el público, consigo o con personajes imaginarios.

montaje - Llevar una pieza de literatura teatral a la presentación en escena. Actuar una pieza frente al público.

morcilla - Lo que dice el actor fuera de los parlamentos, apartándose así de las indicaciones del autor.

motivación - Formas usadas para despertar y renovar el interés de los estudiantes en lo que se está haciendo.

mutis - Salir de escena.

necesidades humanas - Lo necesario para que sobreviva el ser humano. Algunas son de orden físico, como la alimentación; y otras psicológicas, como el amor.

niveles - Diversas alturas en el escenario que se logran con *plataformas*, a las posiciones que toma el actor con su cuerpo; acostado, de rodillas, en cuclillas, de pie...

pantomima - Presentación teatral sin palabras, usando el lenguaje del cuerpo.

papel maché - Una mezcla, básicamente de papel y pegamentos, empleada para construir títeres.

paper fastener - Sujeta papeles en forma de pinza con cabeza.

parlamentos - Líneas que dice cada actor en la interpretación de un personaje.

pausas - Separar lo hablado en unidades con significado. Hay dos tipos de pausas: respiratorias, para llenar los pulmones de aire, y sicológicas, que permiten al público un momento de reflexión.

personaje - Parte representada por un actor, que puede ser creada por éste o sugerida por el autor o el director.

personalidad - Conjunto de cualidades que constituyen a un ser humano.

pertinentes - Las cosas que tienen significado real para el estudiante, que pertenece a su ambiente.

pie forzado - (Que es necesario que se considere) En teatro, lo que se fija y es obligatorio hacer en la representación.

pie o *cue* - Señales, que pueden ser visuales o audibles, para intervención de efectos técnicos (sonido o iluminación) o bien para que los actores digan o hagan algo en escena.

planificación - En improvisación, se refiere a tiempo breve para fijar el lugar, los personajes, los conflictos o situación, la relación entre los personajes o algún otro acuerdo entre el grupo de improvisadores teatrales.

plataforma - Elementos construidos usualmente para elevar el nivel en el escenario y montar las gradas para el público.

posiciones con relación al público - Posiciones que adopta el actor. Estar de frente al público es la posición básica.

post mortem - Palabras en latín que significan "luego de la muerte"; la discusión que se genera entre el público y los actores luego de la presentación de una pieza de teatro de vanguardia.

proscenio - Parte del escenario más cercana al público; se marca por la línea imaginaria que crea el telón cuando se cierra separando al público de los actores.

proyección - Presión que ejercen principalmente los músculos abdominales, intercostales y oblicuos para aumentar el sonido que produce el aire al pasar por las cuerdas vocales, esto ayuda a que la voz pueda ser escuchada con claridad a mayor distancia.

público - Grupo de personas reunidas con un propósito en común, en nuestro caso, para ver una obra de teatro.

regidor de escena - El responsable de que todos los efectos y cambios técnicos se hagan a tiempo. Puede también encargarse de indicar las entradas a escena de los actores.

relajar - Soltar los músculos para producir un estado de descanso.

ritmo - Orden existente entre todo lo ocurrido en escena, como la actuación en combinación con los efectos técnicos.

rito - Orden establecido para una ceremonia.

robar escena - Se dice de los actores que, haciendo movimientos fuertes o sonidos no bloqueados, apartan la atención del público de lo que debe ser el centro de atención.

rotaciones - Movimientos alrededor de un eje.

sala - Espacio para el acomodo del público.

salón teatro - Espacio que está preparado tanto para ser usado como salón regular para la enseñanza de teoría como para ser usado en los ensayos y en la presentación al público de una obra de teatro.

silueta - Efecto creado cuando se acomoda la fuente de luz hacia el público, impidiéndole, de esta manea, ver los rasgos del objeto principal, que puede ser un actor o un objeto.

semilla - Para indicar que la improvisación tiene posibilidades para la actuación.

sobreactuar - Actuación que se sale fuera de la norma.

solidaridad - Capacidad de los miembros del grupo de poder identificarse con una causa común para el bienestar de la comunidad.

solución de problemas - Capacidad del individuo para organizar sus pensamientos y su forma de actuar para resolver una situación con la cual se ha encontrado.

sonido - Efectos acústicos especiales en teatro que tienen la posibilidad de ser en vivo o grabados.

stage fright - Miedo al escenario; lo experimentan usualmente los actores aficionados que se quedan en blanco en escena, al olvidar los parlamentos y los movimientos que ya se habían bloqueado.

tapar - La acción en que un actor se coloca frente a otro impidiendo que el público lo vea.

tapón - Bastidor de tamaño menor al regular.

taxonomía - Clasificación para facilitar el entendimiento.

teatro - Espectáculo, hasta cierto punto ideal, formado por la interrelación intensiva y sintética de todas las artes: música, movimiento, voz, escenografía, iluminación, danza, etc.

teatro en la educación (*Theatre in Education*) - Uso del teatro para exponer el curricular. Usa destrezas de pensamiento crítico para enseñar a los niños a tomar decisiones y a resolver problemas. La estructura del programa tiene que ser flexible para no perder de vista el concepto educativo.

teatro leído - Pieza de teatro que se representa ante el público por medio de la lectura, sin necesidad de memorizarla.

teatro para niños - Producciones formales para público infantil, actuadas por principiantes o profesionales, niños o adultos; en combinación o por separado. Está orientado al público, a diferencia de la creatividad dramática que está centrada en el proceso de improvisación.

teatro rodante - Escenario preparado para poder ser transportado fácilmente de un lugar a otro.

técnica de improvisación teatral - Conjunto de procedimientos que se deben tomar en consideración para realizar la improvisación frente al público.

técnica - Conjunto de procedimientos de un arte o ciencia.

técnica teatral - En un sentido particular, es la utilización de elementos, artefactos o artificios en la preparación de un área específica, como escenografía, utilería, maquillaje, sonido, vestuario e iluminación.

tensar - Contraer los músculos: función activa del músculo.

teoría - Conjunto de conocimientos que especulan sobre los hechos.

tiempo teatral - Tiempo que ocurre dentro de la representación, el cual se puede acortar o alargar en relación al tiempo real; por ejemplo, una caída sufrida por un personaje en escena se puede hacer en forma lenta; o, en pocos minutos, se puede representar el cambio entre el nacimiento, la adultez y la vejez.

títere - Cualquier objeto que, mediante el movimiento, cree la ilusión de tener vida propia.

títere de boca - Títere que mueve la boca, la cual usualmente se maneja con la mano.

títere de guante - Títere en forma de guante, en el cual, regularmente, el dedo índice mueve la cabeza y los dedos pulgar y corazón mueven los brazos.

títere de vara - Es el títere movido por varas que sostienen la cabeza y los brazos.

títeres de sombra - Títeres cuya sombra se refleja en una pantalla, iluminada desde la parte opuesta al público.

tramoya - Maquinarias que sirven para mover los elementos escenográficos y el telón.

transición - Cambios que se dan de un estado a otro; pueden ser: emocionales, de personalidad, en ritmo, en tiempo, en espacio, y otros.

traslaciones - Desplazamiento de un lado a otro en paralelo al piso.

traspunte - Ver apuntador.

tropezón - Elemento usado en la publicidad de la producción. Es un biombo con la información básica sobre la actividad, y se ubica en las áreas de más tránsito de personas.

unidad básica - Elemento que origina la totalidad.

utilería - Conjunto de útiles o instrumentos que maneja el actor en escena; no se incluyen vestuario y escenografía.

vestuario - Trajes necesarios para la representación.

voz - Conjunto de sonidos que salen de la boca del ser humano.

working lights - Luces que se utilizan para trabajar o ensayar en el escenario. El uso de estas luces evitan el gasto excesivo de los instrumentos especializado de iluminación teatral.

Referencias

En esta sección se incluye una lista de librerías, libros y revistas que pueden ayudar al maestro de teatro. Muchas de las entradas van en inglés, y las que van en español son, en su mayoría, traducciones del inglés, del alemán o del francés. La mayor parte de las traducciones están hechas en México y Argentina. Algunos de los libros hace más de 10 años que fueron publicados; los incluimos porque son fuentes de información importante.

Librerías

Contemporary Drama Service
> Box 7710-X, Colorado Springs, CO 80933

The Drama Book Shop
> 723 Seventh Avenue
> New York, NY 10019

The Fireside Theatre Book Club
> Dept. RR-631
> Garden City, NJ, 11530

Organizaciones

American Alliance for Theatre and Education
> Department of Theatre, Arizona State University
> Box 873411, Tempe, AZ 85287-3411

Educational Theatre Association
> 3368 Central Parkway, Cincinnati, OH 45225-2392

Revistas

Dramatics Magazine

>   3368 Central Parkway, Cincinnati, OH, 45225-2392

Gestos: teoría y práctica del teatro hispánico

>   Department of Spanish and Portuguese, University of California, Irvine, CA 92717

The Drama Theatre Teacher

>   AATE National Office

>   Department of Theatre, Arizona State University, Tempe, AZ 85287-3411

Theatre Craft

>   PO Box 630, Holmes PA 19043-9930

Theatre Week

>   28 West 25th Street, 4th Floor, New York, NY, 10010

Youth Theatre Journal

>   AATE National Office

>   Department of Theatre, Arizona State University, Tempe, AZ 85287-3411

Libros

Anzieu, D. *El psicodrama analítico en el niño y el adolescente.* Buenos Aires: Editorial Paidos, 1982.

Ardilla, R. *La psicología en América Latina.* México: Siglo Veintiuno, 1986.

Aslan, O. *El actor del siglo XX, evolución de la técnica, problema ético.* Madrid, Alcántara: Editorial Gustavo Gili, 1979.

Belzer, R. *How to be a Stand-Up Comic.* New York: Random House, 1988.

Berry, C. *The Actor and his Text.* New York, NY: Macmillian Publishing Company, 1988.

Biondi, A. & Williams, F. (Eds.). Curriculum Planing for Creative Thinking and Problem Solving. *Journal of Creative Behavior* 19 (1): 1986.

Boal, A. *Teatro del oprimido.* México: Editorial Nueva Imagen, 1980.

_____. *Técnicas latinoamericanas de teatro popular.* México: Editorial Nueva Imagen, 1982.

Carballido, E. *26 obras en un acto.* México DF.: Editorial Grijalbo S.A., 1979.

Cascón, P. *La alternativa del juego II: juegos y dinámicas en Educación para la Paz.* Madrid: Gráfica Xiana, 1990.

Courtney, R. *Play, Drama & Thought.* Toronto: Simon & Pierre Publishing Company Limited, 1989.

Creadic, T.A. The Role of the Expresive Arts in Therapy. *Journal of Reading, Writing and Learning Disabilities* 1.3 (1985): 55-60.

Cruz Emeric, R. *Principios del diseño escenográfico.* Puerto Rico: Editorial de la Universidad de Puerto Rico, 1979.

Departamento de Instrucción Pública, Estado Libre Asociado de Puerto Rico, *Guía para la enseñanza de la ciencia en el tercer grado.* Santurce: División Editorial DIP, 1975.

Departamento de Instrucción Pública, Estado Libre Asociado de Puerto Rico, *Contenido Básico, Programa de Español, Nivel Elemental.* Santurce: Artes Gráfica DIP, 1988.

Ducharte, P.L. *The Italian Comedy.* New York, NY: Dover Publication Inc., 1978.

Farber, D. *Producing Theatre.* New York: Limelight Editions, 1981. Faure, G. y Lascar, S. *El juego dramático en la escuela.* Madrid, España: Editorial Cincel, S.A., 1981.

Faurnes, P. *Aprender actuando.* México, D.F.: Editorial Pax México, 1989.

Ferguson, H. *Bring on the Puppets.* New York, NY: Morehouse-Barlow, 1975.

Finchelman, M. R. *Expresión teatral infantil, auxiliar del docente.* Buenos Aires, Argentina: Editorial Plus Ultra, 1981.

Finkel, B. *El títere y lo titeresco en la vida del niño,* Buenos Aires: Editorial Plus Ultra, 1984.

Fling, H. *Marionettes.* New York, NY: Dover Publication Inc., 1973.

Freundenreich, G. y K. *Juegos de actuación dramática.* Madrid, España: Interduc, S.A., 1979.

Glenn, S. *The complete Actor.* Boston, MA: Allyn and Bacon Inc., 1977.

Goleman, D. *The Creative Spirit.* New York: Penguin Group, 1992.

González Ruiz, N. *Antología de piezas cortas de teatro.* Barcelona, España: Editorial Labor S.A., 1965.

González, J. *Mi primer libro de teatro (I y II).* León, España: Editorial Everest, 1978.

Green, J. *The Small Theatre Handbook: A Guide to Management and Production.* Harvard, Massachusetts: Harvard Common Press, 1981. Grotowsky, J. *Hacia el teatro pobre.* New York, NY: Rockefeller Center, 1968.

Hamblin, K. *Mime*. New York, NY: Dolphin Books, Dobleday and Company, Inc., 1978.

Horn, D. T. *Comedy Improvisation*. Colorado Spring, Colorado: Meriwether Publishing LTD., 1991.

Howard, G. *Frames of Mind: The Theory of Multiples Intelligences*. New York: Basic Book Inc. Publisher, 1983.

Hughes, J. "Secrets of the Mask", *Dramatics* (May 1992): 18.

James, T. *The Theatre Props Handbook*. White Hall, Virginia: Betterway Publication, Inc., 1987.

Jiménez, S. y Ceballos, E. *Teoría y praxis del teatro en México*. México, DF: Grupo Editorial Gaceta, S.A., 1988.

Kipnis, C. *The Mime Book*. New York, NY: Harper and Row Publishers, Inc., 1974.

Lewis, R. *Advice to the Players*. New York: Harper & Row Publishers Inc., 1980.

Márquez, R. L. *Brincos y saltos*. San Juan, Puerto Rico: Autora, 1991.

Martínez, C. *Psicodrama: Cuándo y por qué dramatizar*. Buenos Aires: Editorial Proteo, 1971.

Martínez Masdeu, E. *Maquillaje Teatral*. Puerto Rico: autor. 1985.

McCaslin, N. *Creative Dramatics in the Classroom*. 2nd Edition, New York, N.Y.: Longman Inc., 1984.

_____ . *Children and Drama*. Lanhan, MD: University Press of America, Inc., 1985.

_____ . *Creative Drama in the Intermediate Grades: A Hand Book for Teachers*. New York, NY: Longman Inc., 1987.

McVicar, W. *Clown Act Omnibus*. Colorado Spring, Colorado: Meriwether Publishing LTD., 1987.

Moore, S. *The Stanislavski System*. New York, NY: Penguin Books, 1981.

Moreno, J. L. *Psicodrama*. Argentina: Editorial Paidos, 1953.

Morris, E & Hotchkis, J. *No Acting Please*. New York: Perigee Production, 1980.

Morris, E. *Irreverent Acting*. New York: Putnam Publishing Group, 1985.

Mountain, L. Releasing the Remedial Reader's Creative Power. *Journal of Learning Disabilities* 19.1 (1986): 5-8.

Navarra, G. *Cartilla de un oficio*. San Juan, Puerto Rico: Autora, 1986.

Novelly, M. C. *Theatre Games for Young Performers*. Colorado Spring, Colorado: Meriwether Publishing LTD, 1985.

Padín Zamot, W. *Manual de Teatro Escolar: Alternativas para el maestro. Parte I y II*. Río Piedras, Puerto Rico: Departamento de Programas y Enseñanza, Universidad de Puerto Rico, 1990.

Paludan, L. *Playing With Puppets*. London: Mills and Boon Limites, 1974.

Parker, W.O. *Scene Design and Stage Lightning*. New York: Holt, Rinehart and Wiston, 1981.

Penchansky, M y Edelberg, A. *La expresión corporal en la escuela primaria*. Buenos Aires, Argentina: Editorial Plus Ultra, 1980.

Philpott, V. y McNeil, M.J. *Cómo hacer y manejar marionetas*. Madrid, España: Publicaciones y Ediciones Lagos, S.A., 1975.

Piaget, J. *Seis estudios de psicología*. Barcelona: Editorial Labor, 1991.

Poggi, J. *The Monologue Workshop*. New York: Applause Theatre Book Publishers, 1990.

Prutzman, P. *Respuesta creativa al conflicto*. San José, Costa Rica: Centro de Estudios para la Paz, 1990.

Puerto Rico. *Referencias Generales*. Programa de Teatro Escolar, Departamento de Instrucción Pública, División Editorial, 1985.

Ray Smith, C. (editor). *The Theatre Craft Book of Makeup, Masks and Wigs*. PA: Theatre Craft Books, Rodale Press, Inc., 1978.

Richards, S. *Twenty One-Acts Plays: An Anthology for Amateur Performing Groups*. Garden City, New York: Doubleday & Company, Inc., 1978.

Rolfe, B. *Comedia Dell Arte*. Oakland, California: Personabooks Products, 1977.

Rottman, F. *Easy-to-Make Puppets and how to use Them*. 2nd Edition. California: Regal Books Division, 1979.

Rudnicki, S. (Ed). *The Actor's Book of Classical Monologues*. New York: Penguins Group, 1988.

Ruiz Lugo, M. *Glosario de términos del arte teatral*. México: Editorial Trillas, 1983.

Schatter, G. and Courney, R. (Eds.) *Drama in Theraphy (Volume one: Children)*. New York, NY: Drama Book Specialist, 1981.

Schmidt, H. *Learning With Puppets*. Colorado: Meriwether Publishing Ltd., 1989.

Schulman, M and Welker. *Comtemporary Scenes for Students Actor*. New York, N.Y.: Penguin Books, 1982.

Silk, G. Creative Movement and Dramatic Play for Special Learners. *Journal of Reading, Writing and Learning Disabilities* 1.3 (1985): 14-19.

Solárzano, C. *El teatro hispanoamericano contemporáneo* (antología de 2 tomos). México: Fondo de Cultura Económica, 1975.

_____. *Teatro breve hispanoamericano* (antología). Madrid: Aguilar S.A., 1970.

Spolin, V. *Theatre Games for the Classroom: A Teacher's Handbook.* Illinois: Northwestern University Press, 1986.

Stenmark, J. Math Portfolios: A new Form of Assessment. *Teaching Pre K-8.* pp. 62-68, 1991, August.

Stern, L. *School and Community Theatre Management.* Boston, MA: Allyn and Bacon Inc., 1979.

Swartz, L. *Dramathemes: A Practical Guide for Teaching Drama.* New Hampshire: Heineman Educational Books, Inc., 1988.

Tapia Rodríguez, J. *Trabalenguas.* Barcelona, España: Educomunicaciones S.A., 1989.

Ucar, X. *El teatro en la animación sociocultural: técnicas de intervención.* Madrid: Editorial Diagrama, 1992.

Vallón, C. *Práctica del teatro para niños.* Barcelona: Ediciones CEAC, S.A., 1984.

Villarini, A. R. *Manual para la enseñanza de pensamiento* (Edición preliminar). San Juan, Puerto Rico: Autor, 1991.

Warren, J. *Dramatizing Literature in Whole Language Classrooms.* New York: Teachers College Press, 1994.

Weiner, J. Creative Movement with the Learning Disable Child. *Journal of Reading, Writing and Learning Disabilities.* 1.3 (1985): 24-44.

Welker, D. *Theatrical Set Design, the Basic Techniques.* Boston, MA: Allyn and Bacon Inc., 1979.

Woolfolk, A. *Educational Psycology.* New Jersey: Prentice Hall, 1980.